Y Llewod a'r Tair Canhwyllbren

Argraffiad cyntaf: 1976
Ail argraffiad: 1982
Trydydd argraffiad diwygiedig: Tachwedd 1997
® Hawlfraint Dafydd Parri a'r Lolfa Cyf., 1997

Mae hawlfraint ar gynnwys y llyfr hwn ac
mae'n anghyfreithlon i lungopïo neu
atgynhyrchu unrhyw ran ohono trwy unrhyw
ddull neu at unrhyw bwrpas (ar wahân i
adolygu) heb ganiatâd ysgrifenedig y
cyhoeddwyr ymlaen llaw.

Llun y clawr: Stephen Daniels

Rhif Llyfr Rhyngwladol: 0 86243 414 9

Cyhoeddwyd yng Nghymru
ac argraffwyd ar bapur di-asid a rhannol eilgylch
gan Y Lolfa Cyf., Talybont, Ceredigion SY24 5AP
e-bost ylolfa@ylolfa.com
y we www.ylolfa.com
ffôn (01970) 832 304
ffacs 832 782
isdn 832 813

Y Llewod a'r Tair Canhwyllbren

DAFYDD PARRI

Pennod 1: Noson Grêt

"Grêt!" gwaeddodd Llinos.

"Coblyn o noson dda!" meddai Wyn. "Y noson orau i ni fod ynddi – ers wythnos diwetha!"

"Taw â rwdlan, Wyn!" ceryddodd ei chwaer hynaf. "Dwyt ti ddim hanner call, ddim hyd yn oed pan wyt ti yng nghanol pobl eraill."

Ond nid oedd geiriau cas Llinos byth yn brifo Wyn. Roedd o'n mwynhau ei gweld yn colli'i thymer, ac roedd popeth a ddywedai Llinos amdano yn mynd i mewn trwy un glust ac allan trwy'r llall ganddo.

Roedd hi wedi bod yn noson arbennig i'r Llewod gan fod modryb ac ewythr plant Bedw Gleision wedi dod draw o Bwllheli i'w gweld. Mynnodd y ddau fynd â hwy i westy yn y dref lle'r oedd noson werin yn cael ei chynnal gan grŵp ifanc arbennig o dda. Er bod gan deulu Pwllheli glamp o gar ystad cryf, teimlai'r Llewod fel rhes o sardîns ar ôl gwasgu i mewn i'r cefn. Dim ond prin digon o le i anadlu oedd yno! Ond roedd y pump yn ddigon bodlon i ddioddef taith anghysurus er mwyn cael cyfle i fwynhau'r noson gyda'i gilydd – heb eu rhieni.

"Ro'n i'n meddwl bod y gân ola 'na am Owain Glyndŵr yn well na 'run o'r lleill," meddai Del, y lleiaf o'r pump wrth iddi gymeradwyo.

"A finna hefyd," cytunodd Orig. "Be wyt ti'n ei feddwl, Einion?"

"Mae hi'n gwneud i mi deimlo'n falch 'mod i'n Gymro," atebodd Einion gan wenu.

Dal ati i gymeradwyo'n frwd wnaeth y gynulleidfa am amser hir. Yna, dechreuodd rhai weiddi am i'r grŵp ddod yn ôl i ganu mwy. Gafaelodd y prif ganwr yn ei gitâr unwaith eto a chyhoeddodd y byddai'n canu un gân olaf cyn i bawb ymuno gydag o i ganu 'Hen Wlad Fy Nhadau'.

Pan ganwyd yr anthem genedlaethol, roedd y to bron â chodi. Ond yna, cyneuwyd y lampau trydan i gyd gan foddi'r stafell orlawn â môr o olau. Dechreuodd y dyrfa lifo allan fel afon gref a distawodd y bwrlwm.

Orig a Del oedd y ddau olaf i gyrraedd y car.

"Mi wn i ble 'dach chi 'di bod," meddai Ewythr Idwal oedd yn eistedd yn sedd y gyrrwr. "Wnaethoch chi lwyddo?"

Daliodd Del y llyfr llofnodion yn agored er mwyn iddo'i weld.

"Dyna dy noson di yn grwn a chyfan," meddai Modryb Dilys wrth ei gweld mor hapus. "Mi fyddwn ni i gyd yn cofio am heno am flynyddoedd."

Trodd Ewythr Idwal ac edrych dros ei ysgwydd.

"Ydi'r sardîns i gyd yn barod i gychwyn!"

"Barod!" gwaeddodd pawb.

"Pwy fydd y cynta i godi fory, tybed?" gofynnodd Modryb Dilys.

"Ddim y fi beth bynnag," atebodd Wyn. "Fory ydi diwrnod cynta'r gwyliau ac mi faswn i'n licio cysgu tan y noson cyn Dolig er mwyn i'r amser fynd yn gyflym."

"Peidiwch â gwrando ar Wyn," meddai Llinos. "Mae gynnon ni lot fawr iawn o betha i'w gwneud yn ystod y dyddiau nesa 'ma – tydan ni ddim wedi gorffen sgwennu'n cardiau Dolig eto, ac mae isio prynu anrhegion ac addurno'r tŷ a'r goeden Dolig a –"

Torrodd Del ar ei thraws: "Paid ag anghofio ffau'r Llewod yn y goeden dderwen."

"Addurno'r ffau yn y berllan, a helpu Mam efo'r mins-peis a'r pwdin. Oes 'na rywbeth arall?"

"Be am antur Nadolig i'r Llewod?" gofynnodd Orig.

"Paid â sôn am beth felly wir, fydd gynnon ni ddim amser i wneud bob dim, yn enwedig os ydi Wyn yn bwriadu cysgu bob dydd."

"Dwi'n addo un peth," meddai Wyn, "wna i ddim cysgu os bydd 'na antur!"

"Waeth i chi heb â sôn fel'na am antur," meddai Einion. "Os oes 'na antur i fod mae un yn siŵr o ddigwydd."

"Ydach chi'n meddwl gawn ni eira dros y Dolig, Modryb Dilys?" gofynnodd Del.

"Wn i ddim wir. Dydan ni ddim wedi cael eira dros yr Ŵyl ers pedair neu bum mlynedd. Ond hwyrach mai ein tro ni yng Nghymru ydi cael Dolig gwyn eleni."

"Gobeithio beth bynnag. Does gen i ddim isio meddwl bod y cardiau Dolig yn deud celwydd bob blwyddyn."

"Tair milltir arall sydd 'na ac mi fyddwn ni ym Moelfryn," meddai Ewythr Idwal. "Be am un pos i gadw pawb yn effro nes inni gyrraedd, Wyn?"

Tynnodd Llinos wyneb hir, ond pan welodd nad

7

oedd neb arall yn teimlo 'run fath â hi, bodlonodd ar edrych allan drwy'r ffenest i'r nos ddu.

"Sawl cynffon carw sydd ei angen i gyrraedd o'r ddaear at y seren ddisgleiriaf yn yr awyr?"

"Dyna bos Nadolig iawn," ebe Modryb Dilys, "mi ddylan ni allu datrys hwn a hitha mor agos i'r Ŵyl."

"Cant o gynffonnau," cynigiodd Orig.

"Mwy na hynny!" meddyliodd Einion yn uchel.

"Mil!" meddai Del.

Trodd Wyn at Llinos, ond nid oedd ganddi fawr o ddiddordeb.

"Mae'n rhaid i chditha gynnig ateb," meddai Ewythr Idwal.

"Un gynffon," meddai Llinos yn ddidaro.

"Hwrê! Rwyt ti wedi rhoi'r ateb cywir am unwaith," meddai Wyn wedi ei syfrdanu. "Un gynffon ydi'r ateb, os ydi hi'n ddigon hir wrth gwrs!"

Safodd y car wrth y bont yng nghanol y pentref ac aeth Einion ac Orig i lawr ar ôl diolch iddynt am noson mor ardderchog.

"Hwyl tan bore fory," gwaeddodd y ddau gan godi llaw cyn diflannu i'r nos wrth redeg i gyfeiriad Pengwern.

Ar ôl cyrraedd Bedw Gleision, cartref Llinos, Wyn a Del, mynnodd Ewythr Idwal a Modryb Dilys na allent ddod i mewn i'r tŷ a bod yn rhaid iddynt droi am adref yn syth.

"Mae'n hanner nos, ac mi fydd yn rhaid i ni'n dau godi i weithio bore fory. Dim ond plant ysgol sy'n ddigon lwcus i gael pythefnos o wyliau! Rhaid i chi gyd ddod draw acw i Bwllheli i'n gweld ni cyn y flwyddyn newydd."

Trodd y car o flaen y tŷ, canodd y corn main, a safodd teulu Bedw Gleision i wylio'r ddau olau coch ar gefn y car yn diflannu drwy'r giât am y ffordd fawr.

Nid oedd yr un car arall ar y ffordd yn ymyl Moelfryn y noson honno, ac roedd y wlad yn ddistaw fel mynwent. Cyn pen pum munud roedd Modryb Dilys wedi dechrau hepian yn y tawelwch ar ôl hwyl a miri'r noson. Ond deffrôdd yn sydyn pan deimlodd y car yn troi. Agorodd ei llygaid mewn braw pan welodd ddyn yn gorwedd yn ddiymadferth ar ganol y lôn.

Pennod 2: Y Sgïwr Dŵr

Roedd tamaid o swper wedi ei baratoi ar gyfer y plant ar fwrdd cegin gefn Bedw Gleision.

"Sawl brechdan gig sydd yna i bob un ohonon ni?" gofynnodd Wyn.

"Dwy frechdan, un deisen, a diod i bawb," atebodd Bethan Prys. "Mae hi'n rhy hwyr i ddechra gwledda yr adeg yma o'r nos."

"Gawn ni un nionyn picl bach, Mam?" gofynnodd Llinos mewn llais bach taer. "Does 'na fawr o flas ar y brechdanau heb nionyn."

"Dim ond un, neu mi fyddwch chi'n breuddwydio ac yn deffro'ch tad a minna ganol nos."

Mwynhaodd y tri y danteithion oedd ar y platiau, a llwyddodd Llinos i estyn ychydig o nionod picl ychwanegol o'r oergell yn slei bach. Siarsiodd Wyn i beidio agor ei geg a dweud gair wrth eu mam am hynny.

"Doeddwn i ddim yn bwriadu clepian," meddai. "Dwi'n ofnadwy o falch ohonot ti heno ar ôl i ti ddatrys pos y gynffon!"

Daliodd Fflwffen i rwbio'i phen yn erbyn coesau Del hyd nes y cafodd hanner y geiriosen goch oedd ar ben ei theisen. Safai Smwt heb dynnu ei lygaid oddi ar Llinos gan ddisgwyl briwsionyn o gig ganddi. Roedd gweld tameidiau mawr o'r brechdanau yn diflannu i geg ei feistres yn codi poen gwag ofnadwy yn ei stumog. Daliodd i ddisgwyl, ac yn y diwedd estynnodd Llinos y tamaid olaf iddo. Llyncodd ef mewn amrantiad, heb ei gnoi hyd yn oed.

Rasiodd y tri am y cyntaf i fyny'r grisiau i'r stafelloedd cysgu. Llinos lwyddodd i gyrraedd y stafell molchi gyntaf a chaeodd y drws yn glep ar ei hôl. Cwynodd y ddau arall yn uchel oherwydd gwyddent y gallai eu chwaer fawr fod yn ara deg fel malwen ar adegau.

Ar ôl i Wyn fynd i'w stafell, sylwodd fod golau yn rhedeg ar hyd y pared. Aeth i'r ffenest i edrych a gwelodd gar yn dod ar hyd y lôn at y tŷ. Brysiodd i ben y grisiau i alw ar ei fam.

"Mae 'na gar newydd ddod i mewn drwy'r giât! Dwi'n siŵr fod Ewythr Idwal a Modryb Dilys yn dod yn ôl yma."

Crychodd Bethan Prys ei thalcen mewn penbleth ac aeth at y drws ffrynt. Dechreuodd Smwt gyfarth, a daeth Llinos allan o'r stafell molchi. Safodd y tri ar ben y grisiau i wylio a gwrando beth oedd yn digwydd.

Clywsant lais eu mam yn galw o drothwy'r drws.

"Ydi popeth yn iawn? Does 'na neb yn sâl gobeithio."

Daeth Ewythr Idwal a Modryb Dilys i mewn yn llawn cyffro a ffwdan, a sylwodd y plant o ben y grisiau fod wynebau'r ddau yn wyn fel y galchen.

"Bobol bach, mi ges i fraw!" meddai Modryb Dilys. "Mi freciodd Idwal yn sydyn, a dyma'r car yn sefyll o fewn dwy lath i'r dyn druan oedd yn gorwedd ar draws y ffordd."

"Rwyt ti'n crynu fel deilen, Dilys! Ty'd i gael cwpanaid o de poeth. Mi wnaiff fyd o les i dy nerfau di."

Yna, eglurodd Ewythr Idwal beth yn union oedd wedi digwydd wrth Emrys Prys, tad Llinos, Wyn, a Del.

"Y peth cynta welais i oedd pentwr du ar ganol y ffordd. Doedd o ddim yr un lliw â dafad, ac roedd o'n rhy fychan i fod yn fuwch. Wyddwn i ddim be oedd 'na, a ches i fawr o amser i feddwl llawer p'run bynnag. Y peth pwysica oedd stopio'r car, rhag i mi fynd yn ei erbyn o. Wedyn, mi ges i olwg iawn ar y peth a gweld mai dyn oedd yna a hwnnw'n gwisgo siwt ddu, rwber o'i gorun i'w sawdl…"

Roedd Modryb Dilys eisiau cael gorffen dweud beth ddigwyddodd.

"Mi neidiodd Idwal allan o'r car a mynd i weld. Mi welais i o'n plygu i lawr, ac yn edrych, ond wnaeth o ddim ei gyffwrdd o o gwbl. Wedyn, dyma fo'n galw arna i i ddod allan o'r car. Ar ôl edrych, wydden ni ddim ar wyneb y ddaear be i'w wneud ohono fo. Roedd o fel sgïwr dŵr neu nofiwr tanddwr newydd ddod allan o'r môr, ond does 'na ddim môr yn nes na deg milltir i'r fan yma!"

"Glywaist ti hynna, Llinos?" sibrydodd Wyn ar ben y grisiau. "Nofiwr tanddwr oedd o. Maen nhw'n gwisgo siwtiau rwber a rheini'n dynn fel maneg amdanyn nhw."

Daliodd Llinos ei bys ar ei gwefusau. "Taw! Rhaid i mi gael gwybod y cwbl."

"Mae'r stori ryfedd 'ma yn mynd i fod yn waeth na nionod picl am ein cadw ni'n effro heno," meddai Del.

"Sh! Sh!" meddai Llinos a'i llygaid yn fflachio fel mellt.

Roedd Ewythr Idwal yn egluro pam oedd y ddau ohonyn nhw wedi dod yn ôl i Fedw Gleision yn y car.

"Mi faswn i wedi aros yno, ond fedar Dilys ddim gyrru wrth gwrs. A wnâi hi ddim aros ar ochr y ffordd ar ei phen ei hun yn y tywyllwch efo corff marw yng nghanol y nos."

"Be wnaeth i ti feddwl ei fod o wedi marw?" gofynnodd Bethan Prys.

"Wn i ddim yn iawn, ond roedd yna lot o waed ar ochr ei wyneb, ac mi roedd o'n gorwedd yn llonydd ofnadwy."

"Be am alw'r plismyn?" gofynnodd Emrys Prys.

"Dyna pam y daethon ni'n ôl yma ar frys. Fedren ni wneud dim byd arall. Ble mae plismon Moelfryn 'ma'n byw?"

Gwenodd Wyn. "Be wneith Cochyn ddeud, tybed? Mi fydd o wedi drysu'n lân ar ôl clywed stori fel hyn ganol nos!"

Roedd Bethan Prys yn cydio yn y ffôn ac yn disgwyl am ateb o dŷ'r heddlu.

"Mae'n rhaid eu bod nhw yn eu gwlâu. Mae o'n hir iawn yn ateb beth bynnag...Helô! Bethan Prys Bedw Gleision sy'n siarad. Ydi Cwnstabl Preis ar gael os gwelwch yn dda?...Heb ddod yn ôl o'r dre eto...Mi ffoniwn ni eto yn hwyrach gan eich bod chi'n ei ddisgwyl o adre unrhyw funud. Diolch yn fawr."

"Arhoswch chi'ch dwy yma," meddai Emrys Prys, "ac mi eith Idwal a mi draw i gael golwg ar y truan. Mi ddaw un ohonon ni'n ôl yma cyn pen chwarter awr, ac mi ffoniwn ni Cochyn wedyn."

Rhoddodd Wyn hergwd i Llinos yn ei hochr gyda'i benelin. "Glywaist ti be ddeudodd Dad?"

"Do! Wyddwn i ddim ei fod o'n galw plismon y pentre 'ma'n Cochyn o'r blaen. Doniol ynte!"

Ond roedd Del yn fwy difrifol o lawer. "Dydi hyn ddim yn deg. Mae Mam yn cadw stŵr am ein bod ni'n galw Cwnstabl Preis yn Cochyn ond ddeudodd hi ddim gair wrth Dad chwaith."

"Fel'na mae pobl wedi tyfu i fyny," meddai Wyn gan deimlo'n hynod o falch. "Maen nhw'n deud wrthon ni am beidio gwneud rhywbeth un funud, a'r funud nesa maen nhw'n gwneud yr union beth yna eu hunain. Dwi'n meddwl eu bod nhw'n gallu bod yn reit chwerthinllyd weithia."

"Un peth arall faswn i'n hoffi ei glywed heno," meddai Llinos.

Ond ni chafodd amser i egluro gan fod eu mam wedi eu clywed yn siarad ar ben y grisiau.

"Ydach chi'ch tri byth wedi mynd i gysgu! Ewch i'ch gwlâu y funud 'ma!"

"Be sy 'di digwydd, Mam?" gofynnodd Del.

"Dim byd! Dim byd o gwbl i blant fel chi. Ewch i'ch gwlâu, mi gawn ni siarad yn y bore."

Crychodd Llinos a Del eu trwynau nes bod eu hwynebau'n edrych yn hyll, ond roedd Wyn yn dal i fod mor hapus â'r gog ar ôl clywed ei dad yn galw'r plismon yn 'Cochyn'.

"Dwi wedi gwneud darganfyddiad pwysig iawn, iawn!"

"Be?" gofynnodd ei chwiorydd.

"Darganfod bod pobl mewn oed yn union 'run fath â phlant, er eu bod nhw bob amser yn trio rhoi'r argraff eu bod nhw'n wahanol."

"Dwyt ti ddim yn iawn o gwbl," anghytunodd Llinos. "Maen nhw'n waeth na ni ac yn llawer mwy doniol hefyd."

Penderfynodd Wyn beidio â syrthio i gysgu nes bod y dynion wedi dod yn ôl i'r tŷ. Roedd yn drueni cau llygaid a phethau mor gyffrous yn digwydd. Pwy fyddai'n meddwl syrthio i gysgu ar ganol ffilm arswyd a'r gwallgofddyn ar fin dal ei sglyfaeth cyntaf?

Ni fu raid i Wyn ddisgwyl yn hir. Clywodd sŵn y car ac aeth i edrych rhwng llenni'r ffenest unwaith eto. Yna, cerddodd ar flaenau ei draed i ben y grisiau. Pan glywodd Bethan Prys sŵn y dynion tu allan i'r tŷ rhedodd o'r gegin ac agorodd y drws ffrynt iddynt.

"Mae golwg od iawn ar eich wynebau chi'ch dau. Be sy'n bod?"

" 'Dwn i'm sut mae egluro hyn yn iawn," atebodd Emrys Prys. "Mae'n rhaid fod 'na ysbrydion yn ymyl Llwyn Eos."

Dechreuodd Bethan Prys deimlo'n ddiamynedd iawn efo'r dynion am eu bod mor gyfrinachol.

"Deudwch be sy wedi digwydd da chi, yn lle ein cadw ni'n dwy yn y tywyllwch o hyd!"

"Mae'r sgïwr dŵr wedi diflannu!" atebodd Ewythr Idwal.

"Amhosib!" ebychodd Modryb Dilys. "Roedd o'n gorwedd yn berffaith llonydd, ac os nad oedd o wedi marw, roedd y dyn yn anymwybodol."

"Ydach chi'n siŵr eich bod chi wedi mynd i'r un lle ag y gwelsoch chi'r sgïwr y tro cynta?" ychwanegodd Bethan Prys.

"Do, yn berffaith siŵr," atebodd ei gŵr. "Roedd Idwal yn cofio bod giât haearn sy'n arwain i dŷ'r Person yn union gyferbyn. Ond doedd 'na ddim byd o gwbl i'w weld yn nunlle. Aethon ni allan o'r car a chwilota trwy'r glaswellt trwchus bob ochr i'r ffordd am tua hanner canllath, ond chawson ni hyd i ddim byd. Wedyn mi gofiodd Idwal fod wyneb y dyn wedi bod yn gwaedu, ac fe aethon ni i archwilio'r ffordd yn drylwyr, ond doedd 'na ddim un diferyn o waed i'w weld yn nunlle. Roedd bob dim wedi diflannu!"

Edrychodd Ewythr Idwal ar ei wraig.

"Mae'n gwneud i mi amau a welson ni sgïwr dŵr yno o gwbl; hwyrach ein bod ni wedi breuddwydio'r cyfan!"

"Lol i gyd," atebodd hithau. "Wnes i ddim breuddwydio beth bynnag. Ro'n i'n reit effro, ac mi welais i'r dyn efo'm llygaid fy hun. P'run bynnag, fydden ni byth wedi dod yn ôl yma i Fedw Gleision oni bai ein bod ni wedi gweld y truan yna ar ganol y ffordd."

Canodd y ffôn. Edrychodd y pedwar ar ei gilydd.

"Hwyrach y cawn ni ryw fath o eglurhad rŵan," ebe Bethan Prys wrth symud i'w ateb.

"...O, chi sydd 'na Cwnstabl Preis...Roeddwn i'n deall eich bod yn brysur yn y dre...Wel, perthnasau i ni o Bwllheli oedd yn meddwl eu bod nhw wedi gweld dyn yn gorwedd ar y ffordd yn ymyl Llwyn Eos, ond ar ôl mynd draw wedyn doedd 'na ddim golwg o neb yno...Mae'n ddrwg iawn gen i fod wedi'ch galw chi fel hyn i ddim pwrpas...Hwyrach wir eich bod chi'n iawn...Nos da."

"Be ddeudodd o?" gofynnodd ei gŵr cyn iddi roi'r ffôn i lawr.

"Doedd ganddo fo fawr o ddiddordeb gan fod dim golwg o'r dyn ar y ffordd erbyn hyn. Awgrymu roedd o mai rhywun wedi meddwi welsoch chi y tro cynta…"

Roedd mil o binnau bach yn pigo coesau Wyn ar ben y grisiau, a herciodd yn gloff i'w lofft gan geisio dyfalu pam fyddai dyn meddw eisiau gwisgo dillad sgïwr dŵr.

Pennod 3: Lladrad

"Wyt ti wedi deffro, Wyn?" gofynnodd Llinos ar ôl gwthio ei phen heibio drws ei stafell.

"Chysgais i fawr ddim drwy'r nos, dim ond troi a throsi."

"Na finna chwaith."

"Ond roeddat ti'n cysgu pan glywais i'r newydd pwysicaf."

Agorodd Llinos y drws yn llydan a cherddodd i ganol stafell ei brawd. Aeth Del i mewn hefyd.

"Rhaid i'r Llewod gyfarfod yn syth ar ôl brecwast," meddai Wyn gyda golwg ddifrifol iawn ar ei wyneb.

Pan ddywedodd wrthynt fod y sgïwr dŵr wedi diflannu roedd y ddwy wedi eu synnu'n fawr. Clywodd Del fewian digalon tu allan i'r drws, ac aeth i ben y grisiau i godi'r gath drilliw a rhoi mwythau mawr iddi.

"Paid â gadael i Mam weld Fflwffen yn y llofftydd neu mi fyddi di mewn coblyn o helynt," rhybuddiodd Llinos.

"Dod i fyny'r grisiau ohoni hi ei hun wnaeth hi!"

Yna trodd at y gath. "Isio maldod wyt ti, ynte Fflwff, ac rwyt ti'n gwybod mai Del sy'n dy garu di fwya yn y tŷ yma."

Roedd Llinos wedi clywed digon. Trodd yn wyllt at ei chwaer fach. "Wyt ti isio dal i fod yn un o'r Llewod?"

18

Dychrynodd Del am eiliad wrth glywed mor flin oedd Llinos. Allai hi ddim dychmygu peidio â bod yn un o'r Llewod a cholli'r holl anturiaethau. Roedden nhw i gyd yn cweryla ac yn digio weithiau, ond mi fydden nhw wedi anghofio'r cyfan y funud nesaf. Meddyliodd mor wag a digyffro fyddai pob wythnos pe bai'r Llewod ddim yn bod.

Gwelodd Wyn fod Llinos wedi codi gormod o ddychryn ar ei chwaer fach a gwnaeth ei orau i'w chysuro.

"Mae'n well i ti frysio a gwisgo amdanat, Del. Rwyt ti'n dod efo fi i weld Einion ac Orig ar ôl brecwast."

"A phwy sy'n mynd i olchi'r llestri?" gofynnodd Llinos.

"Ti siŵr iawn! Mae'r Llewod yn rhy brysur i boeni am fanion betha fel golchi llestri ar fore fel heddiw."

Roedd lliw a hwyl y Nadolig eisoes wedi dod i mewn i'r tŷ. Safai'r goeden mewn bwced goch yn y lolfa ond doedd dim goleuadau nac addurniadau arni. Ac ar y bwrdd wrth y ffenest roedd sypiau o gardiau Nadolig, mân addurniadau a dau becyn mawr o falŵns pob siâp.

Daeth y postman â chwech o gardiau y bore hwnnw, ac roedd Bethan Prys wedi eu gadael ar y bwrdd brecwast fel arfer er mwyn i'r tri gael eu gweld. Ond doedd yna fawr o sgwrsio am Nadolig na chardiau. A'r peth olaf roedd arnynt eisiau i'w mam wybod oedd fod ganddynt ddiddordeb mawr yn yr hyn oedd wedi digwydd yn ymyl Llwyn Eos y noson cynt.

Gadawyd Llinos yn y gegin gefn gyda'i mam a sleifiodd Wyn a Del i gyfeiriad y pentref.

"Mi fydd Llinos yn wallgo pan ddaw hi i wybod!" meddai Del yn hanner ofnus.

"Eitha gwaith iddi am drio dy frifo di. Mae'n hen bryd iddi ddysgu gwers!"

Edrychodd Del i fyny i wyneb ei brawd a gwelodd ei fod yn edrych yn gryf ac yn ddewr. Tynnwr coes oedd Wyn fel arfer, ond y bore hwnnw roedd yn wahanol iawn, a gwyddai Del mai yr hyn oedd wedi digwydd y noson cynt oedd wedi achosi'r newid ynddo.

"Dyna'r peth rhyfeddaf sydd wedi digwydd yn y pentre 'ma ers misoedd," meddai Einion ar ôl i Wyn a Del adrodd yr hanes wrth y ddau frawd.

"Pryd ydan ni am fynd heibio Llwyn Eos i weld y lle?" gofynnodd Orig.

"Y funud yma," atebodd Wyn gan wincio ar Del.

"Ond rhaid i ni alw am Llinos adre yn gynta. Mae'n siŵr ei bod hi wedi gorffen golchi'r llestri erbyn hyn."

Hen fore oer, cymylog oedd hi; doedd yr haul ddim wedi dangos ei wyneb ers dros wythnos. Ond nid oedd y tywydd yn poeni'r Llewod gan fod gwres y sgwrsio wedi gwneud iddynt anghofio am bopeth arall. Ar ôl cerdded milltir a hanner daethant at y tro mawr lle'r oedd y ffordd yn rhedeg heibio Llwyn Eos a'r coed yn tyfu'n drwchus ar hyd y llethrau.

"Does 'na ddim golwg o ddim byd yma!" meddai Llinos braidd yn siomedig ar ôl cerdded o gwmpas y fan am bum munud.

"Be am fynd drwy'r giât yma?" awgrymodd Del.

"Mae'n well i ti beidio," siarsiodd Orig. "Tŷ'r Person sydd ar ben y lôn yna."

"Fyddwn ni ddim gwaeth â chael cip yr ochr arall

i'r berth," meddai Wyn. "Mae 'na ddigon o goed i'n cuddio ni oddi wrth y tŷ."

Ar ôl iddynt fod yn chwilio a chwilota am bum munud gyrrodd car yn gyflym ar hyd y ffordd, a'r eiliad nesaf clywsant sŵn traed yn rhedeg i lawr y lôn o gyfeiriad tŷ'r Person. Aethant i gysgodi o dan ganghennau sycamorwydden gerllaw.

Merch ifanc tua ugain oed oedd yn rhedeg i lawr am y giât, ac roedd Llinos yn barod i fynd ar ei llw ei bod yn crio. Ond cyn iddi gyrraedd y ffordd fawr gwelodd y Llewod yn edrych arni a cheisiodd ymddangos yn ddidaro.

"Ydach chi'ch pump wedi colli rhywbeth?" gofynnodd iddynt.

Wyn oedd y cyntaf i feddwl am ateb.

"Ewythr a modryb i ni oedd yn dod ffordd yma mewn car yn hwyr neithiwr, ac fe welson nhw sgïwr dŵr ar ganol y ffordd; ond roedd o wedi diflannu cyn pen chwarter awr."

Nid oedd y ferch fel pe bai hi'n deall beth oedd Wyn yn ddweud o gwbl. Roedd ganddi ormod o bethau eraill ar ei meddwl y funud honno.

Camodd Llinos i'r lôn er mwyn sefyll yn ei hymyl.

"Ym…ym Moelfryn ydan ni'n byw, a Llinos ydi f'enw i. Ydach chi'n byw yma ers amser?"

"Na, mae'r ardal yma yn ddieithr i mi. Ac mae popeth wedi digwydd efo'i gilydd. Fi sy'n gwneud y gwaith tŷ i'r Parch.Caron Elis, ond yr wythnos diwetha mi gafodd o ei daro'n wael, ac mi fydd yn yr ysbyty dros y Nadolig. Mae'r Parch.Wyn Ffransis wedi dod yma i wneud ei waith dros yr Ŵyl gan ei bod hi'n amser mor brysur yn yr eglwysi."

"Ond pam oeddech chi'n crio fel yna?" gofynnodd Del a golwg drist iawn yn ei llygaid.

"Wn i ddim be i'w wneud. Mi ddaeth 'na ladron mewn car efo lampau melyn a thorri i mewn i'r tŷ 'ma neithiwr, ac maen nhw wedi dwyn dwy ganhwyllbren Llywelyn. 'Dwn i ddim be ddeudith Caron Elis pan ddaw o adre o'r ysbyty. Roedd ganddo fo feddwl y byd ohonyn nhw..."

Dechreuodd feichio crio unwaith eto.

"Be ydi'ch enw chi?" gofynnodd Einion.

"Lowri," atebodd, ac roedd ei llygaid yn goch ar ôl bod yn crio.

Roedd Wyn yn meddwl ei fod wedi datrys y broblem.

"Does dim rhaid i chi boeni. Gwaith yr heddlu ydi dal lladron. Mae'n siŵr fod y Person newydd wedi ffonio i swyddfa'r dre a'u bod nhw i gyd yn edrych amdanyn nhw erbyn hyn."

"Na! Na!" meddai Lowri. "Dyna'r drwg. Does ganddo fo ddim isio i'r hanes yma fynd i glustiau'r heddlu o gwbl. Mae o'n deud mai ei waith o ydi gofalu am drysorau'r eglwys ac nid gwaith y plismyn. Pan glywais i hynny mi redais i allan o'r tŷ gan fod gen i ofn i'r lladron ddianc am byth efo'r canwyllbrennau...Roedd yn rhaid i mi gael deud wrth rywun, a chi ydi'r rhai cynta welais i."

Estynnodd Llinos hances bapur er mwyn iddi sychu ei llygaid.

"Dwi'n siŵr eich bod chi'n teimlo 'chydig yn well rŵan, ac os na ddaw y canwyllbrennau yn ôl mi aiff y Llewod o gwmpas i gasglu arian i brynu pâr o rai newydd sbon i chi. Wedyn mi fydd y Parch.Caron

Elis yn hapusach nag erioed."

Ysgydwodd Lowri ei phen. "Diolch i chi am fod mor feddylgar a minna yng nghanol helynt fel yma. Ond mae canwyllbrennau Llywelyn yn rhai arbennig iawn. Maen nhw'n wyth cant o flynyddoedd oed, a does 'na ddim posib prynu rhai tebyg iddyn nhw heddiw."

"Mor werthfawr â hynny!" meddai Einion. "Dyna ryfedd na fasen ni wedi clywed amdanyn nhw o'r blaen."

Eglurodd Lowri mai dim ond unwaith y flwyddyn yn unig roedd y canwyllbrennau'n cael eu defnyddio ar allor hen eglwys Llanddyfrig yn y mynydd.

"Dim ond ar noswyl Nadolig mae gwasanaeth yn cael i gynnal yn yr hen adeilad erbyn hyn, ac ar hanner nos pan mae'r gwasanaeth yn dechra, mae'r Person yn goleuo'r canhwyllau. Mae pobl yn dod o bell iawn i weld y canwyllbrennau am eu bod nhw mor hynod."

"Ac maen nhw'n cael eu cadw'n ddiogel yn Llwyn Eos am weddill y flwyddyn!" meddai Orig.

"O nac ydyn! Mewn cell yn seler y banc mae'r canwyllbrennau'n cael eu cadw. Mi fydd y rheolwr yn dod â nhw yma ychydig ddyddiau cyn yr Ŵyl bob blwyddyn...Mae'n rhaid i mi fynd yn ôl neu mi fydd y Parch.Wyn Ffransis yn dod allan i chwilio amdana i. Diolch i chi am wrando ar fy helyntion i. Dwi'n teimlo'n well o'r hanner rŵan."

Yna, brysiodd i fyny'r ffordd yn ôl i gyfeiriad y tŷ.

"Mae'n well i ninna droi'n ôl i'r pentre hefyd," meddai Einion, "os ydyn ni am gael holl hanes canwyllbrennau Llywelyn cyn amser cinio."

"Paid â deud at bwy rwyt ti'n bwriadu mynd," meddai Llinos. "Mae pob un ohonon ni'n gwybod mai yn Llety'r Wennol y cawn ni wybod pob manylyn am hen hanes yr ardal yma."

Dawnsiodd Del wrth edrych ymlaen at sgwrsio gyda Guto Hopcyn.

Pennod 4: Y Rhodd

PAN GURODD Y LLEWOD ar ddrws Llety'r Wennol roedd yr hen ŵr yn llawn ei helynt. Daeth i'w galw i mewn gyda'i sbectol ar flaen ei drwyn, a thâp glynu ar flaenau ei fysedd.

"Bobol bach, mi rydw i mewn stomp ofnadwy efo'r Dolig yma! Doedd 'na ddim trafferth fel hyn o gwbl erstalwm. Sbrigyn neu ddau o gelyn coch tu ôl i'r lluniau ar y pared, hanner dwsin o gardiau yn cyrraedd drwy'r post, a phawb yn cael llond bol o bwdin!"

Gwenai'r Llewod o glust i glust wrth ei glywed yn dal i sôn mor braf oedd hi arno flynyddoedd yn ôl.

"Be ydach chi'n wneud efo'r holl dâp glynu 'na, Guto Hopcyn?" gofynnodd Wyn gan dynnu tamaid ohono oddi ar ymyl y drws.

"Welais i ddim byd gwirionach na hwn erioed. Mae o'n glynu ym mhopeth sydd ddim isio iddo fo. Wel, dewch i mewn da chi er mwyn i ni gael sgwrs, ac mi gaiff y merched 'ma roi help llaw efo'r anrhegion."

Roedd papur pacio Nadolig ar hyd llawr y gegin, a pharseli bach ar ganol eu pacio ar y bwrdd. Ac roedd y tâp glynu tryloyw ym mhob man.

"Dangoswch i mi be sy isio'u pacio, Guto Hopcyn," meddai Llinos, "ac mi wnawn ni'r gwaith i chi ar unwaith.

Wedyn, geith yr hogia fynd â nhw i'r post i chi."

"Merch gampus wyt ti, Llinos! Wedyn mi fydd gen i flwyddyn gron gyfan cyn bydd raid i mi wynebu stomp fel hyn eto. Hel calennig fyddai pawb erstalwm, a hynny ar fore Dydd Calan. Llai o helynt o'r hanner. Criw o blant yn dod at y drws a chanu:

'Blwyddyn Newydd Dda i chi
Ac i bawb sydd yn y tŷ.'

Ac wedyn mi fydden nhw i gyd yn cael afal, ac oren, a dyrnaid o gnau. Pawb yn cael rhywbeth am eu cyfarchion llawen…Rŵan, be sy wedi'ch denu chi yma heddiw, blantos?"

"Newydd glywed am ganwyllbrennau Llywelyn ydan ni," meddai Einion, "ac yn meddwl y byddech chi'n siŵr o fod yn gwybod tipyn o'u hanes nhw."

Trodd yr hen ŵr gefn ei gadair at y bwrdd er mwyn anghofio'r anrhegion trafferthus.

"Wyddoch chi fod pymtheg mlynedd a rhagor ers pan welais i nhw ddiwetha, ond anaml iawn mae neb arall yn eu gweld nhw o ran hynny ar ôl y tro diwetha cawson nhw eu dwyn."

Cododd y bechgyn eu pennau pan glywsant hynny a gwelodd Guto Hopcyn fod ganddynt ddiddordeb mawr.

"Do, maen nhw wedi eu dwyn tua dwsin o weithiau i gyd."

"Pwy oedd y Llywelyn yna roddodd y canwyllbrennau i hen eglwys Llanddyfrig?" gofynnodd Orig.

"Llywelyn Fawr fachgen! Un o'r tywysogion gorau welodd y byd yma erioed. Roedd ganddo fo lawer iawn o diroedd yn y dyffrynnoedd yma, ac mi roddodd gannoedd o erwau i'r abatai. Y myneich gwynion oedd y ffefrynnau bob tro gan dywysogion Cymru; roedd y tywysogion yn hael iawn tuag atyn nhw. Cofiwch fod y mynachod yn ffermio er mwyn cael bwyd a dillad, ac i gael chydig o arian er mwyn gallu gwneud eu gwaith. Roedd mynachlog yr oes honno yn siŵr o fod yn lle difyr dros ben. Meddyliwch am yr holl bobl ddiddorol oedd yn cyfarfod yno. Ac roedd y myneich eu hunain yn ddynion dysgedig, ac wedi teithio ar draws Ewrop, a gweld a chlywed bob math o betha tra'n crwydro'r gwledydd. A dyna chi'r beirdd wedyn, roedden nhw'n hoff iawn o alw mewn mynachlog ac yn cael croeso cynnes bob amser. Ond mae'n siŵr gen i fod cwmni'r hen dywysogion yn well na'r cwbl. Roedd yn arfer ganddyn nhw dreulio dyddiau olaf eu hoes yn yr abaty fel y gwnaeth Llywelyn Fawr yn Abaty Aberconwy. Dyna i chi le campus i glywed storïau a hanesion. Mae 'na rai pobl yn meddwl mai pobl sydd efo wynebau hir fel ffidil ydi myneich, ond nid felly mae hi. Dynion llawen iawn ydyn nhw. Maen nhw'n byw o ddifri cofiwch; a dyna pam maen nhw bob amser mor barod i chwerthin a mwynhau eu hunain."

"Pam na fasach chi'n mynd yn fynach, Guto Hopcyn?" gofynnodd Del tra'n dal y papur am y parsel er mwyn i Llinos ei gau hefo'r tâp glynu.

"Taswn i'n byw yn amser Llywelyn Fawr, mi faswn i wedi meddwl am y peth o ddifri. Ond mae dyddiau mawr y mynachlogydd yng Nghymru wedi dod i ben ers cannoedd o flynyddoedd. Er hynny, ro'n i'n arfer mynd i'r gwasanaeth ar noswyl Nadolig yn eglwys Llanddyfrig yn y mynydd, ac yn meddwl bob amser am fel y byddai Llywelyn, a Siwan ei wraig, yn dod i'r gwasanaeth gannoedd o flynyddoedd yn ôl."

"Faint o gannoedd o flynyddoedd?" gofynnodd Wyn.

"Aros i mi gael gweld…chwech, saith, wyth. Dyna ni, tua wyth can mlynedd yn ôl."

"Yr un eglwys yn union â'r un sydd ar y mynydd heddiw?" gofynnodd Einion.

"Siŵr iawn. Rhaid i chi gofio mynd yno. Llawr pridd, distiau derw du yn cynnal y to, a'r waliau tu mewn wedi eu gwyngalchu. Mi fydda i'n dychmygu bod Llywelyn Fawr yn penlinio yn un o'r seddau yn f'ymyl i."

"Pryd gawn ni fynd yno?" gofynnodd Llinos yn gyffrous i'r pedwar arall.

Aeth yr hen ŵr yn ei flaen i egluro.

"Does 'na byth wasanaeth ar y Sul ers blynyddoedd maith. Mae'n well gan bobl heddiw gerdded ar hyd palmant caled stryd y dre i'r eglwys. Ac felly mi gafodd y drws ei gau, ac mi ddaeth y gwasanaethau i ben yno, heblaw am unwaith bob blwyddyn – y gwasanaeth pwysicaf un – canu carolau am ryw hanner awr y noson cyn y Nadolig, ac wedyn am hanner nos mae'r gwasanaeth yn dechra. Mae'n codi hiraeth arna i wrth edrych yn ôl."

"Sawl tro fu Llywelyn Fawr yno tybed?" dyfalodd Orig.

"Mae'n rhaid ei fod wedi galw heibio'n eitha aml. Roedd ganddo feddwl y byd o Eglwys Llanddyfrig. Mi alla i ei ddychmygu o'n mynd i unigeddau'r mynydd i orffwyso, ac i gael ei galon yn ôl i diwn ar ôl bod yn brwydro'n galed yn erbyn y Saeson oedd yn gwneud eu gorau glas i goncro Cymru a dwyn ei thiroedd. A Llywelyn yn sefyll dros ei wlad yn ddewr fel Llew. Ond mi ddaeth y dyddiau cyffrous i ben, ac fe aeth yr hen dywysog penllwyd i fyw ei flynyddoedd olaf gyda'r myneich yn yr abaty. Dyna'r amser y cyflwynodd o dair canhwyllbren yn rhodd i offeiriad Eglwys Llanddyfrig – tair canhwyllbren hardd i'w gosod ar yr allor. Un o grefftwyr Aberconwy oedd wedi eu cerfio nhw o bren derw, a gosod gemau yn y pren – saffirau glas, emralltau gwyrdd, a rhuddemau coch. Roedd pobl yn teithio o bell i weld canwyllbrennau Llywelyn, a drws yr eglwys yn agored ddydd a nos er mwyn i'r pererinion fynd i mewn i weddïo."

"A neb yn meddwl am ddwyn y canwyllbrennau, er eu bod nhw mor werthfawr?" meddai Llinos.

"Neb o gwbl yn ystod y dyddiau hynny. Er bod y bobl yn dlawd iawn, ac yn aml heb geiniog i brynu crystyn sych, fyddai neb yn meiddio lladrata dim byd fel yna o eglwys. Ond bu farw Llywelyn ac fe ddaeth amserau gwahanol ac estroniaid i feddiannu'n gwlad ni. Ac fel y deudais i gynnau fe'u lladratwyd nhw ddeuddeg o weithiau i gyd. Ond fe'u cafwyd nhw yn ôl ac fe ddigwyddodd rhywbeth enbyd iawn i'r lladron bob tro!"

Nid oedd Einion yn deall yn union beth oedd yr hen ŵr yn geisio'i ddweud.

"Oedd 'na ryw swyn neu hud yn perthyn i'r canwyllbrennau?"

"Mi rydw i'n meddwl hynny, ac mae yna lawer iawn yn credu 'run fath â fi. Mae'r hanes gen i yn rhywle yn y tŷ 'ma."

"Hanes y lladron?"

"Wyth can mlynedd o hanes canwyllbrennau Llywelyn. Tua ugain mlynedd sydd er pan gipiwyd nhw ddiwetha. Roedd y canwyllbrennau newydd fod mewn arddangosfa am fisoedd yn Rhufain, Fienna, a Paris; a degau o filoedd o bobl yn tyrru i bob amgueddfa i'w gweld nhw, a phawb wedi rhyfeddu. Roedd y bobl yma isio gwybod eu hanes nhw, a hanes y lladron fu'n ceisio eu dwyn nhw hefyd. Roedd pawb wedi dod i wybod eu bod nhw'n werthfawr iawn wedyn, a doedd hi ddim yn beth doeth eu gadael nhw yn yr eglwys drwy'r flwyddyn a dim gwasanaeth yn yr eglwys. Felly dyna ddechra eu cadw nhw mewn lle dirgel a dod â nhw i'r eglwys ar gyfer pob gwasanaeth Nadolig yn unig."

"Mae'n rhaid i mi gael eu gweld nhw!" meddai Del yn benderfynol. "Meddyliwch am gael gafael ynddyn nhw a gwybod bod llaw Llywelyn Fawr wedi bod yn gafael amdanyn nhw hefyd!"

Aeth cryndod drwy ei chorff wrth feddwl am y peth.

"Wythnos yma amdani felly!" meddai Guto Hopcyn.

"Dyna ni Guto Hopcyn, gewch chi edrych rŵan!" meddai Llinos. "Mae'r parseli i gyd wedi'u pacio!"

"A'r tâp glynu sydd dros ben yn mynd i ganol y tân!" ebe Del.

Roedd yr hen ŵr ar ben ei ddigon.

"Wn i ddim sut daethoch chi i ben mor sydyn. Pe bawn i wedi gorfod gwneud y gwaith ar fy mhen fy hun mi fyddwn wrthi tan y Pasg!"

Cyn cychwyn i lawr i'r pentref i'w postio trodd Einion at yr hen ŵr.

"Faint ddeudoch chi o ganwyllbrennau oedd yn

Eglwys Llanddyfrig?"

"Tair, fachgen!"

"Ydach chi'n hollol siŵr mai ddim dwy oedd yno?"

"Na, tair yn sicr. Mi rydw i wedi eu gweld nhw efo'm llygaid fy hun. Y tair canhwyllbren harddaf welais i erioed!"

Pennod 5: Ymwelwyr

AETH Y LLEWOD i'r ffau ym mhen uchaf perllan Bedw Gleision erbyn deg o'r gloch y bore wedyn. Einion oedd wedi eu galw yno ar ôl bod yn meddwl yn hir drwy'r nos am hanes canwyllbrennau Llywelyn. Gorweddai Smwt, y daeargi, wrth droed y dderwen fel arfer ac eisteddai'r pump o gwmpas y bwrdd tu mewn i'r ffau yng nghanghennau'r goeden.

"Be sy'n dy boeni di, Einion?" gofynnodd Llinos.

"Sawl canhwyllbren ddeudodd Guto Hopcyn roddodd Llywelyn yn rhodd i'r eglwys?"

"Tair!" atebodd Del.

"Ac mi ddeudodd Lowri, Llwyn Eos, mai dim ond dwy o'r canwyllbrennau sydd wedi eu dwyn. Be sy 'di digwydd i'r drydedd?"

"Mae'n rhaid fod honno'n dal i fod yn nhŷ'r Person o hyd," meddyliodd Wyn.

"Ond soniodd Lowri ddim gair amdani bore ddoe. Mae hynny'n rhyfedd iawn!"

"Hwyrach ei bod hi wedi anghofio," awgrymodd Orig. "Roedd hi wedi dychryn yn ofnadwy, neu fasa hi ddim wedi dechra crio fel'na."

"Ond mae'n well i ni wneud yn siŵr," meddai Einion yn bendant. "Rhaid i ni fynd yn ôl i Lwyn Eos i gael sgwrs arall efo Lowri."

Roedd Llinos yn cytuno: "Does gynnon ni ddim amser i'w wastraffu o gwbl. Mae gwybod be sy 'di digwydd i'r drydedd yn bwysig iawn. Ac mae'n rhaid i'r Llewod wneud bob dim er mwyn gwneud yn siŵr bod tair canhwyllbren Llywelyn ar allor Eglwys Llanddyfrig erbyn noswyl Nadolig. Rhaid i ni wneud hyn er mwyn Llywelyn Fawr!"

Penderfynodd y pump mai'r amser gorau i fynd i Lwyn Eos oedd ar ôl te pan fyddai'n dechrau tywyllu, rhag i'r Person newydd eu gweld. Roedd yn amlwg ei fod o eisiau cadw'r lladrad yn gyfrinach oddi wrth bawb, ond credai'r Llewod fod angen help arno hefyd os oedden nhw yn mynd i gael y canwyllbrennau'n ôl mewn pryd.

Treuliodd y Llewod y pnawn yn addurno Bedw Gleision gyda chelyn coch a thinsel arian. Cawsant hwyl fawr yn chwythu'r balŵns, a Smwt bron â mynd o'i go wrth neidio i geisio'u dal. Yna, gosodwyd y garlantau papur lliw i grogi dan y nenfwd ac roedd Bethan Prys, mam Llinos, Wyn a Del yn meddwl bod y stafelloedd yn drawiadol dros ben.

Roedd hi'n nosi'n gyflym toc ar ôl pedwar o'r gloch wrth i'r pump ohonynt gerdded ar hyd y ffordd fawr i gyfeiriad Llwyn Eos. Gadawyd y giât fawr oedd yn arwain i'r ffordd yn agored, a phenderfynwyd cerdded ar y glaswellt dan gysgod y coed rhag bod neb yn eu gweld na chlywed sŵn eu traed.

Daethant i olwg yr hen dŷ cerrig yn sydyn ar ôl mynd heibio'r tro yn y lôn gul. Llifai golau drwy ffenest fawr yn y ffrynt gan oleuo rhan o'r lawnt tu allan.

"Mae'n well i ni wneud yn siŵr mai Lowri, a neb

arall, sydd yna cyn i ni ddangos ein hunain," sibrydodd Llinos.

Symudodd y pump yn fwy gofalus gan gerdded ar flaenau eu traed fel y dynesent at y drws ffrynt. Wyn oedd yn arwain a gadawsant iddo fynd ar ei ben ei hun ar hyd y llathenni olaf.

"Paid â mentro'n rhy agos at wydr y ffenest," rhybuddiodd Einion. "Mi fyddi di'n gallu gweld i mewn yn iawn, ond fydd neb yn gallu dy weld di o'r stafell am ein bod ni'n sefyll yn y tywyllwch."

Daliodd pawb eu hanadl tra symudai Wyn yn hynod o ofalus. Yna, safodd a gwthiodd ei ben ymlaen i gael golwg i mewn. Cymerodd un cam yn ôl ar unwaith, a chododd ei fraich i alw ar y lleill i ddod yn nes.

"Ddim Lowri sy 'ma! Mae'n rhaid mai'r Person ydi o – mae o'n gwisgo coler gron beth bynnag. Well i chi fynd i weld hefyd."

Llinos oedd yr agosaf ato, a hi aeth at y ffenest gyntaf. Un cip sydyn oedd eisiau arni, ac yna symudodd hithau yn ei hôl at y lleill.

"Hen dro gwael! Ond mae'r ganhwyllbren ar y ddesg wrth y pared. Mae'n well i rywun arall fynd i weld rŵan."

Tro Einion oedd nesaf. Ond pan oedd yn nesu at y ffenest, clywodd gyffro tu ôl iddo ac Orig yn siarad yn gyffrous.

"Car! Mae 'na gar yn dod i fyny'r lôn at y tŷ!"

Nid oedd angen iddo ddweud ddwywaith gan fod golau'r lampau blaen i'w gweld yn disgleirio rhwng y coed, a'r peiriant yn chwyrnu wrth i'r gyrrwr newid gêr i ddringo'r rhiw.

"Golau melyn!" meddai Del. "Golau melyn oedd gan y lladron fu yma'n dwyn y ddwy ganhwyllbren hefyd!"

Cyn i'r car barcio o flaen y tŷ clywsânt sŵn symud y tu mewn, a rhedodd y Llewod yn eu cwman heibio'r ffenest i guddio yn y talcen. Agorodd y drws ffrynt a brysiodd y Person allan i gyfeiriad y cilfach barcio.

"Dydi'r ganhwyllbren ddim yn ddiogel yn y stafell yna," meddai Wyn. "Dwi am fynd i mewn i'w chuddio hi, neu mi fydd y tair wedi diflannu."

"Mae'n rhy beryglus!" rhybuddiodd Llinos.

Ond roedd Wyn wedi diflannu drwy'r drws oedd yn gilagored heb wrando ar neb. Rhedodd Llinos yn ei hofn a'i chyffro ar ei ôl.

Cipiodd Wyn y ganhwyllbren hardd, edrychodd o'i gwmpas yn wyllt, gan fethu penderfynu beth i'w wneud nesaf. Yna gwthiodd hi o dan ei gôt ac aeth i sefyll at Llinos oedd wrth ddrws y stafell.

"Does gynnon ni ddim dewis. Rhaid i ni fynd â hi hefo ni."

Yr eiliad honno, clywsant guro gwyllt ar y ffenest. Einion oedd yno yn ceisio'u rhybuddio fod y Person a'r dynion yn dynesu at y drws ffrynt.

Rhuthrodd Wyn a Llinos i'r cyntedd a chlywsant leisiau'n siarad tu allan. Roedd wynebau'r ddau yn wyn fel y galchen erbyn hyn.

"Mi ddeudais i wrthat ti am beidio mentro i mewn!" meddai Llinos a'i llygaid yn fflachio. " 'Dan ni'n dau wedi'n dal fel llygod mewn trap!"

"Ddim eto!" meddai Wyn gan edrych ar y grisiau oedd yn arwain i fyny i'r llofftydd. "Ty'd!"

Camodd yn fras at y grisiau a dechreuodd eu

dringo. Ni wyddai Llinos beth oedd orau i'w wneud.

"Ty'd, y ffŵl gwirion! Does gynnon ni ddim dewis. Mae'n rhy hwyr i feddwl am fynd allan!"

Brathodd Llinos ei gwefus gan deimlo'n boeth ac yn oer bob yn ail. Ni allai benderfynu beth i'w wneud. Aeth ar ôl ei brawd, a dringodd y ddau i fyny'r grisiau mor gyflym ag y gallent.

"Be wyt ti'n mynd i'w wneud rŵan?" sibrydodd yn ei glust wedi iddynt gyrraedd pen y grisiau.

"Mynd yn ôl i lawr, ac allan drwy'r drws ar ôl iddyn nhw fynd i'r stafell y buon ni ynddi ddwy funud yn ôl."

Ond chwalodd cynlluniau Wyn yn chwilfriw pan glywsant y drws ffrynt yn cau'n dynn.

Pennod 6: Llinos a Wyn mewn helynt

"Dyna ti wedi gwneud y peth twpaf yn dy fywyd," meddai Llinos wrth ei brawd. "Mi fyddwn ni'n siŵr o gael ein dal rŵan."

Nid oedd gan Wyn ddim byd i'w ddweud, a daliodd Llinos i ymosod arno am fod mor ddifeddwl.

"Waeth i ti heb â meddwl am neidio allan drwy'r ffenest. Dydw i ddim yn bwriadu torri fy nghoesau a threulio'r Dolig mewn ysbyty!"

"Paid â dal i glochdar o hyd Llinos! Aros di yn fa'ma am funud tra bydda i'n edrych o gwmpas."

Daeth Wyn yn ei ôl a safodd wrth ochr ei chwaer yn gynt o lawer nag y disgwyliodd.

"Ty'd!" sibrydodd yn ei chlust.

"Ble?"

"Mae 'na res arall o risiau yn mynd i fyny. Roeddwn i'n meddwl bod 'na dri llawr yn y tŷ yma."

"Ble wedyn?"

"Un cam ar y tro, Llinos! Mi gawn ni weld ar ôl cyrraedd y llawr nesa be fydd yr ail gam."

Daliai Llinos i fod yn anfodlon ac yn ddrwg ei thymer. Ond gosododd Wyn ei fys ar ganol ei gwefusau i'w rhybuddio rhag cadw stŵr. Gwyddai Llinos fod ei brawd wrth ei fodd pan fyddai mewn cornel anodd dod allan ohoni, a gwyddai ei fod yn gallu meddwl am y pethau mwyaf anhygoel ambell dro. Ufuddhaodd iddo eto y tro yma ac ymbalfalodd y ddau i fyny'r grisiau yn y tywyllwch. Wyn gyrhaeddodd i ben y grisiau gyntaf, ac estynnodd ei law i'w chwaer rhag ofn iddi faglu a syrthio.

"Wyt ti'n fodlon rŵan?" gofynnodd yn chwyrn iddo.

"Ydw, ac mi fyddi ditha hefyd ar ôl i ti edrych i'r pen draw acw tu ôl i ti. Dilyn dy frawd, ac mi fyddi di'n siŵr o lwyddo!"

"Llwyddo i fynd ar fy mhen i helynt. Wnest ti feddwl am funud y gallai'r dynion 'na ddaeth i'r tŷ efo'r Person fod yn blismyn? Fasan nhw fawr o dro yn dy gyhuddo di o fod yn lleidr am fod gen ti ganhwyllbren o dan dy gôt. Waeth i ti ddeud ta-ta wrth dy ginio Dolig ddim blewyn. Bara a dŵr mewn carchar sy'n dy aros di!"

"Lol botes maip! Does 'na neb yn bwyta bara a dŵr mewn carchar heddiw. P'run bynnag, dydw i ddim yn bwriadu mynd yn agos i unrhyw garchar. Llinos, wnei di droi i edrych draw tu ôl i ti?"

"Rhimyn main o olau! O ble mae o'n dod?"

"O dan y drws."

"Felly rydan ni wedi'n cornelu. Mae 'na ddynion i lawr y grisiau isio'n dal ni, ac mae 'na rywun ym mhen ucha'r tŷ hefyd."

"Dwi'n gobeithio mai ffrindiau sydd tu ôl i'r drws acw."

"Pwy?"

"Pwy wyt ti'n ei feddwl?"

"Dydw i ddim wedi meddwl. Does 'na ddim amser i feddwl yn y lle 'ma!"

"Dyna dy ddrwg di. Rwyt ti'n gwrthod meddwl ac wedyn mae popeth yn mynd i'r wal. Pwy arall sy'n byw yn y tŷ yma, Llinos?"

Bu tawelwch am ennyd bach.

"Hwyrach mai stafell Lowri ydi hi."

"Dwi am fynd i weld!"

"A be wneith ddigwydd os byddi di wedi gwneud camgymeriad?"

Roedd Wyn wedi gorffen dadlau. Cerddodd ar hyd ben y grisiau ar flaenau ei draed. Nid oedd Llinos yn fodlon sefyll ar ei phen ei hun ar ben y ris uchaf, ac aeth ar ei ôl gan gadw'n ddigon pell oddi wrtho. Safodd yn llonydd pan glywodd ei brawd yn agor y drws ac yn rhoi ei ben i mewn. Roedd ganddi gymaint o ofn nes iddi gau ei llygaid rhag gweld beth fyddai'n digwydd.

Roedd Wyn yn siarad gyda rhywun, yna agorodd y drws yn lletach ac aeth i mewn. A phan safodd Llinos yn y drws rhoddodd ochenaid o ryddhad wrth weld Lowri yn sefyll ar ganol y stafell yng nghanol pentyrrau o lyfrau.

Roedd Wyn wedi dechrau ei holi am yr ymwelwyr oedd newydd gyrraedd yn y car lampau melyn.

"Lampau melyn!" dychrynodd. "Mae'n rhaid eu bod nhw'n gwybod!"

"Gwybod be, Lowri? Rhaid i ti ddeud wrthon ni, neu fedar y Llewod ddim dy helpu di."

Daeth ofn gwahanol i lygaid y ferch ifanc yn awr, ac aeth Llinos ati i egluro.

"Paid â gadael i Wyn dy ddychryn di. Pump o blant ydi'r Llewod. Rydan ni gyd yn byw ym Moelfryn ac mae gynnon ni ffau yn y berllan y tu ôl i'n tŷ ni."

"Dwi'n meddwl 'mod i'n deall rŵan. Ond chlywais i ddim sŵn car o gwbl yn yr hen stafell 'ma ym mhen y tŷ. Ac mae'r Parch.Wyn Ffransis wedi rhoi cymaint o waith i mi – dwi'n gorfod sgrifennu teitlau'r holl lyfrau yma a'u gosod nhw mewn bocsus er mwyn iddo fo gael lle i roi ei lyfrau ei hun ar y silffoedd."

Tynnodd Wyn y ganhwyllbren i'r golwg ar ôl ei chuddio o dan ei gôt mor hir.

"Wyt ti wedi bod yn stafell y Person?"

"Doedd gen i ddim dewis. Roedd y pump ohonon ni o flaen y tŷ pan ddaeth y car lampau melyn i fyny'r lôn. Mi gofiais i'n sydyn, Lowri, dy fod ti wedi deud ddoe mai lampau melyn oedd ar gar y lladron. Felly dyma Llinos a minna'n rhedeg i mewn i gipio'r ganhwyllbren. Ond mi ddaeth y Person a'r dynion eraill i mewn cyn i ni allu sleifio allan at y tri arall. Felly dyma ni! Oes 'na le i guddio o dan y gwely?"

"Does 'na ddim gwely yma," meddai Lowri. "Ond be ydach chi am wneud efo'r ganhwyllbren 'na?"

"Be am ei gosod hi yn un o'r bocsys llyfrau? Wyt ti'n meddwl y bydd hi'n ddiogel nes down ni o hyd i'r ddwy arall?"

"Dyna fyddai orau," atebodd Wyn, yn falch o weld bod Llinos wedi anghofio ei hofnau erbyn hyn. Ond cyn cadw'r ganhwyllbren cafodd y ddau olwg iawn arni a rhyfeddu at y gwaith cerfio tlws ar y pren, a'r gemau'n disgleirio yn y goes.

"Wydden ni ddim fod 'na dair canhwyllbren tan pnawn ddoe," meddai Llinos. "Dim ond am ddwy wnest ti sôn."

"Mae hon wedi bod yn cael ei thrwsio yn Llandrindod ers dros fis. Mae'r pren mor hen fel bod yn rhaid iddo gael ei drin efo olew arbennig bob dwy flynedd, ac roedd y drydedd ganhwyllbren yma wedi dirywio'n waeth na'r ddwy arall. Felly roedd yn rhaid i'r Parch.Caron Elis ei hanfon i gael triniaeth eleni eto."

"Dyna lwc fod hynny wedi digwydd," meddai Wyn, "neu mi fyddai'r lladron wedi dwyn y tair efo'i gilydd. Mi fyddai hi bron yn amhosib dod o hyd iddyn nhw wedyn. Ond tra mae yna un yn eisiau mae gynnon ni obaith."

"Sh! Sh! Sh!"

Roedd Lowri a Llinos wedi clywed sŵn drws yn agor a lleisiau'n siarad yn un o'r stafelloedd i lawr y grisiau. Camodd Wyn yn fras at y drws oedd yn hanner agored o hyd. Gwthiodd Lowri a Llinos y ganhwyllbren i waelod un o'r bocsys a'i chuddio dan bentwr o lyfrau. Yna, caeodd Wyn y drws a safodd gyda'i gefn yn pwyso arno.

"Maen nhw'n dod i fyny! Ble gawn ni guddio?"

"Does dim lle yn y stafell yma o gwbl. Ond mae drws tu ôl i'r cwpwrdd acw sy'n arwain i hen stiwdio, ac mae 'na ffenest ffrengig yn arwain allan i'r to gwastad."

Cyn iddi orffen egluro roedd Wyn wedi dechrau symud un ochr i'r cwpwrdd. Aeth Llinos a Lowri i'w helpu. Ar ôl gwneud digon o le, llithrodd y ddau drwodd i'r stiwdio a gwthiodd Lowri'r cwpwrdd yn ôl i'w le. Gallai glywed y lleisiau ar ben y grisiau yn awr, ac roedd ei chalon yn ei gwddf.

Agorodd y drws, a daeth dau ddyn i mewn heb guro. Sylwodd Lowri yn syth ar y graith las, fain oedd ar draws gên y talaf o'r dynion. Ac nid oedd yn hoffi'r olwg greulon oedd yn ei lygaid. Ceisiodd un ohonynt gydio yn ei braich, ond cerddodd wysg ei chefn i ganol y llyfrau er mwyn ei osgoi a safodd yno gan grynu drwyddi.

"Rydan ni'n gwybod bod y drydedd ganhwyllbren yn y tŷ yma! Rhaid i ti ddeud wrthon ni ble mae hi ar unwaith neu…"

Ond cyn iddo gael gorffen siarad roedd Lowri wedi llewygu, a syrthiodd yn swp diymadferth ar ben y pentwr llyfrau oedd ar lawr.

Pennod 7: Dianc

"Dwi'n rhewi yn ara deg," cwynodd Del yn ddistaw yng nghlust Einion tra oedd y tri yn dal i guddio allan yn nhalcen Llwyn Eos.

"A finna hefyd," sibrydodd Orig. "Fedrwn ni ddim aros yn fa'ma drwy'r nos!"

Ni wyddai Einion beth i'w ddweud wrth y ddau, gan ei fod yntau'n teimlo mor ddiflas â hwythau.

"Rhaid i ni fod yn amyneddgar a disgwyl am chydig bach eto."

Swatiodd y tri yn ddistaw fel llygod am ychydig funudau, yna daliodd Del ei llaw allan.

"Mae'n dechra bwrw glaw!"

Gwyddai Einion ei bod yn bryd iddynt symud a gwneud rhywbeth.

"Rhaid i un ohonon ni fynd at ffrynt y tŷ unwaith eto ac edrych i mewn drwy'r ffenest i weld be sy'n digwydd yno."

Dywedodd Orig y byddai'n hoffi mynd ar ei ben ei hun gan y byddai hynny'n fwy diogel nag i'r tri ohonynt gerdded o gwmpas gyda'i gilydd. Teimlai Del yn well pan gytunodd Einion mai dyna oedd y cynllun gorau.

Symudodd Orig yn gyflym a distaw a gwelsant ei gysgod yn diflannu heibio cornel yr adeilad. Roedd y cyffro wedi gwneud i Einion a Del anghofio'r oerni a'r glaw. Er na fu Orig o'r golwg am fwy na phum munud, teimlai'r ddau arall fel pe bai hi wedi bod yn fwy o amser na hynny o lawer. Yna, clywsant lais isel yn galw arnynt.

"Einion! Del! Dewch, brysiwch!"

Cododd y ddau ar eu hunion ac aethant ato i weld beth oedd yn bod.

"Be wyt ti wedi'i weld?" gofynnodd Einion.

"Dewch efo mi yn reit ddistaw, ac mi gewch chi weld drosoch eich hunain."

Arweiniodd Orig y ffordd, ac yna arhosodd yn ei gwman o dan y ffenest.

"Mae fa'ma yn ddigon pell. Rŵan, codwch yn ara deg bach ac edrychwch i mewn."

Dim ond hanner munud oedd eisiau arnynt i weld yn union beth oedd wedi digwydd. Roedd y Parch.Wyn Ffransis yn eistedd mewn cadair ar ganol y llawr, a'r gadair wedi ei throi i wynebu'r drws. Ac roedd o wedi ei rwymo i'r gadair gyda rhaff fel na fedrai symud llaw na throed.

"Lladron oedd y ddau ddyn 'na ddaeth yma yn y car lampau melyn, does dim dwywaith am hynny," meddai Orig. "Ac oni bai fod Wyn wedi mynd i mewn y funud honno mi fydden nhw wedi dianc ers meitin efo'r drydedd ganhwyllbren."

"Ond mae Llinos a Wyn yn dal i fod i mewn yn y tŷ," meddyliodd Del. "Sut fedrwn ni eu helpu nhw?"

"Waeth i chi heb a meddwl mynd i nôl Cochyn," penderfynodd Einion. "Mi gymerith hanner awr a mwy i ni ddod o hyd iddo fo. Ac wedyn fyddai o ddim yn fodlon gwrando dim arnon ni, fel arfer, ac mi fyddai'r lladron ar eu ffordd i Gaerdydd neu Lundain, a hwyrach wedi cychwyn dros y môr erbyn hynny."

"Ac os awn ni i mewn i'r tŷ fe gawn ninna'n dal hefyd," pwysleisiodd Orig. "Be am gerdded i'r cefn i weld fedrwn ni ddod o hyd i Lowri yn rhywle."

Tra oeddent yn cerdded ar hyd y llwybr concrid i chwilio am y drws cefn, clywsant sŵn rhedeg i fyny ac i lawr grisiau a sŵn drysau'n agor a chau.

"Mae'n arwydd da," meddai Einion gan geisio cysuro'r ddau arall. "Mae'r lladron yn dal i chwilio, a dydyn nhw ddim wedi dod o hyd i Llinos a Wyn."

Erbyn iddynt ddod o hyd i'r drws cefn, gwelsant fod golau mewn pedair ffenest ar yr ail lawr, a dwy ffenest yn uwch i fyny.

"Mae'r drws wedi'i gloi," meddai Orig. "Rhaid i ni ddal i gerdded rhag ofn fod 'na ddrws arall yn rhywle."

Roedd cawod drom o law yn disgyn erbyn hyn, a'r diferion oer yn rhedeg i lawr eu gyddfau o dan eu coleri. Orig oedd yn arwain yn awr a safodd yn sydyn pan ddisgynnodd carreg drom ar ben to sinc yn ei ymyl. Safodd y tri gan edrych i fyny drwy'r tywyllwch nes bod eu llygaid yn brifo'n boenus. Yna, disgynnodd talp arall o garreg yn ymyl eu traed. Plygodd Del i'w chodi a dechreuodd y tri geisio dyfalu o ble y daeth hi.

"Tamaid o goncrid," meddai Einion. "Mae'n rhaid ei fod o wedi disgyn oddi ar y to. Ond does 'na ddim golau o gwbl uwch ein pennau ni rŵan."

"Felly mae 'na rywun ar y to wedi ei ryddhau, neu mae 'na rywun yn ymosod arnon ni'n tri efo talpiau o goncrid," ebe Orig. "Ydach chi'n meddwl ei bod yn ddiogel i ni alw."

"Na," meddai Einion, "mae'n rhy beryglus."

"Dwi'n gallu chwibanu," cynigiodd Del. "Ac mi fedra i chwibanu rhan gynta y gân 'na glywson ni am Owain Glyndŵr echnos."

"Grêt! Mae'n werth i ti wneud hynny," meddai Einion, ac roedd Orig yn cytuno hefyd.

Gwlychodd Del ei gwefusau gyda blaen ei thafod ac yna dechreuodd chwibanu yn uchel a chlir. Wedi iddi gyrraedd diwedd yr ail linell gafaelodd Einion yn ei braich. Ond nid oedd sŵn o gwbl uwch eu pennau, na dim rhagor o dalpiau concrid yn disgyn i lawr o'u cwmpas chwaith.

"Rho gynnig arall," meddai Orig, a safodd y tri yn berffaith llonydd gan ddal i edrych i fyny.

Stopiodd eto ar ddiwedd yr ail linell, ac yna bron yn syth dyna chwibaniad arall oedd yn gorffen y gân yn dod i'w chlustiau. Roedd y tri yn teimlo fel dawnsio.

"Llinos! Wyn! Ble ydach chi?"

"Ar y to, i fyny uwch eich pennau chi. Ond mae'n dywyll fel y fagddu, a fedrwn ni weld dim byd."

"Arhoswch yn llonydd am funud lle'r ydach chi," meddai Einion a symudodd at gornel y tŷ gan ymbalfalu ar hyd y wal. Yna, galwodd arnynt eto.

"Rhaid i chi weithio'ch ffordd yn ofalus i gornel bellaf y to gwastad yna. Mi rydw i wedi dod o hyd i beipen ddŵr sy'n dod i lawr yma lle'r ydan ni'n sefyll, ac mae hi wedi ei hoelio'n gadarn i'r wal."

Safai'r y tri wrth waelod y beipen yn disgwyl, a gallent glywed symudiadau uwch eu pennau.

Llinos siaradodd gyntaf. "Rydan ni wedi cyrraedd y pen pellaf lle mae'r to yma'n mynd yn big. Be sy isio i ni wneud rŵan?"

"Pa mor uchel i fyny ydach chi?" gofynnodd Orig.

"Roedden ni'n cychwyn ar y trydydd llawr, ac mi ddaethon ni lawr yr ail lawr yn ddigon rhwydd, ond rydan ni wedi methu'n glir â dod i lawr yn is."

"Dwi'n dod i fyny!" galwodd Einion. "Arhoswch lle'r ydach chi nes clywch chi fi'n dod yn nes."

Cododd Einion ei freichiau yn uchel uwch ei ben a gafaelodd yn dynn am y beipen ddŵr. Yna, tynnodd ei gorff i fyny gan chwilio am le i fachu blaen ei droed. Crafangodd ei freichiau'n uwch eto ac yna tynnodd nes bod ei freichiau'n teimlo fel pe baent yn cael eu tynnu o'u gwraidd. Arhosodd am ennyd i gael ei wynt ato ac edrychodd i fyny.

"Faint o ffordd sydd gen i eto?"

"Mae dy lais di i'w glywed yn reit agos," atebodd Wyn. "Hwyrach fod yn well i Llinos ollwng ei hun dros yr ymyl."

Crensiodd Einion ei ddannedd gan fod poenau fel cyllell yn rhedeg ar hyd ei freichiau. Ond roedd yn benderfynol o ddal iddi, ac wrth feddwl felly roedd y boen yn mynd yn llai. Ni allai ystyried rhoi i mewn a llacio ei afael tra oedd Llinos mewn lle peryclach uwch ei ben.

Y peth nesaf a deimlodd oedd ergyd ar ei ben gan wadn esgid Llinos.

"Gafael yn dynn am y beipen a llithra dy ddwylo i lawr yn ofalus!"

Nid atebodd Llinos, a symudodd Einion i lawr ychydig bach er mwyn gwneud lle iddi. Cyn pen dim roedd esgid Llinos yn taro'i ben am yr ail dro.

"Dal i ddod! Does dim gwerth o ffordd eto!"

"Ond mae 'mreichiau i'n teimlo fel tasan nhw wedi marw. Maen nhw'n gwrthod symud!"

"Mae'n rhaid iddyn nhw symud, Llinos! Gwasga'n dynnach eto a gorfoda dy hun i symud!"

Yna, llithrodd Einion i lawr nes teimlodd ddwylo Orig yn gafael am ei goesau.

"Dwi'n disgyn!" llefodd Llinos. "Be wna i!"

Ond roedd y tri yn disgwyl amdani islaw, a syrthiodd y llathenni olaf fel crempog i'w canol.

Yna, tawodd pawb ar ôl clywed Wyn yn chwerthin ar y to uwch eu pennau. Roedd Llinos yn wallgof gyda'i brawd am ei fod yn cael cymaint o hwyl am ei phen hi.

Nid oedd angen help ar Wyn gan ei fod wedi gwylio'i chwaer ar hyd y ffordd i lawr. Gofalodd beidio â gwneud camgymeriad gan na fyddai diwedd ar yr hwyl a gai'r Llewod am wythnosau wedyn.

"Be am y ganhwyllbren?" gofynnodd Del.

"Mae hi'n berffaith saff. Ddaw y lladron byth o hyd iddi. Maen nhw wedi holi Lowri, ond fe gawson nhw eu siomi, ac rydw i'n siŵr y byddan nhw isio gadael Llwyn Eos ar frys. Maen nhw wedi methu am y tro, beth bynnag, ond mae'r ddau yn ddigon penderfynol i roi cynnig arall arni. Rhaid i ni fynd cyn bod rhywbeth gwaeth yn digwydd heno."

Aeth y Llewod yn ofalus heibio drws cefn y tŷ, ac anelu'n syth drwy ganol yr ardd rosynnau ar ôl methu â dod o hyd i'r llwybr yn y tywyllwch. Wedi iddynt gael ffordd galed dan eu traed, teimlai pob un yn fwy diogel o'r hanner. Ond nid oeddynt am ddechrau siarad nes cyrraedd y ffordd fawr.

Taflodd Orig gip dros ei ysgwydd a sylwodd fod y goleuadau yn llofftydd Llwyn Eos yn diffodd o un i un. Yna, heb rybudd o gwbl neidiodd dyn allan o ganol y coed a chydiodd yng nghôt Einion.

"Rhedwch!" gwaeddodd ar y pedwar arall.

Yna rhoddodd blwc sydyn a theimlodd ei gôt yn rhwygo. Ond nid oedd ganddo amser i feddwl beth ddwedai ei fam y funud honno. Roedd y llaw yn dal i afael fel gelen yn ei gôt o hyd, er ei fod yn troi a throsi fel creadur gwyllt.

Roedd y lleill wedi cychwyn rhedeg, a gallai glywed sŵn eu traed yn pellhau oddi wrtho.

"Aros am funud!" meddai llais y dyn. "Ow! Ow!" llefodd cyn gorffen ceisio perswadio Einion i sefyll.

Teimlodd Einion y llaw yn llacio yn llawes ei gôt, a'r eiliad nesaf roedd yn rhydd. Daliai'r dyn i weiddi mewn poen a dawnsio o gwmpas ar un goes.

"Wyt ti'n iawn?" gofynnodd Wyn i Einion. "Ty'd, mae'n well i ni redeg nerth traed!"

"Rhedodd y ddau fel y gwynt am ganllath, ac yna trodd Wyn ato unwaith eto.

"Be wnest ti iddo fo?"

"Mi sathrais i ei droed o nes roedd o'n gwichian fel mochyn. Mae'n rhaid ei fod o'n gwisgo sgidiau meddal iawn!"

Pennod 8: Cosb

CODODD LLINOS ar ei heistedd yn sydyn yn ei gwely. Rhwbiodd ei llygaid ac yna edrychodd ar Del yn cysgu'n drwm wrth ei hymyl. Roedd y tŷ yn dawel fel y bedd er ei bod wedi goleuo ers meitin. Pan edrychodd Llinos ar y wats oedd ar ben y cwpwrdd bach wrth ei gwely, gwelodd ei bod yn hwyr.

"Del! Deffra Del! Mae hi'n naw o'r gloch!"

Cymerodd ychydig o funudau i Del sywleddoli beth oedd ei chwaer wedi ddweud wrthi.

"Be sy'n bod ar Mam bore 'ma? Pam na ddaeth hi yma i alw arnon ni am wyth o'r gloch fel arfer?"

Teimlai Llinos yn anesmwyth, rhedodd allan drwy'r drws ac aeth i stafell Wyn. Roedd o newydd ddeffro ac yn meddwl yr un peth yn union â'i chwaer.

"Dwi'n siŵr fod rhywbeth o'i le yn y tŷ yma," meddyliodd Llinos. "Dydyn ni byth yn cael llonydd i aros mor hwyr â hyn yn ein gwlâu yn y bore."

Dechreuodd Wyn bendroni o ddifri wrth weld ei chwaer mor ffwdanus.

"Mae'n well i ni godi y funud yma neu chawn ni ddim brecwast!" meddai gan neidio allan o'i wely a chychwyn am y stafell molchi er mwyn bod yno o flaen ei chwiorydd.

Ymhen ychydig funudau, roedd y tri ohonynt yn

y gegin. Ond nid oedd na chwpan na phlât, na llwy hyd yn oed i'w gweld yn unman. Roedd y llestri brecwast i gyd wedi eu cadw yn y cwpwrdd, ac roedd y llestr blodau yn sefyll ar ganol y bwrdd.

Clywsant sŵn eu mam yn cerdded yn ôl a blaen yn y gegin gefn, yna agorodd y drws a daeth i mewn. Roedd golwg ofnadwy o flin ar ei hwyneb, a safodd y tri gan edrych yn llywaeth arni.

"A be ydach chi isio yn y gegin yma?"

Roedd yn gwestiwn mor od fel na wyddent yn iawn sut i'w hateb. Daeth Wyn o hyd i'w dafod o flaen ei chwiorydd.

"Roeddan ni'n meddwl ei bod hi'n amser brecwast, Mam."

"Mae amser brecwast wedi gorffen ers awr, a ph'run bynnag does 'run ohonoch chi'ch tri yn mynd i gael tamaid o ddim byd heddiw tan amser cinio! Ac mi wyddoch chi pam, dwi'n gobeithio!"

Roedd ei llais yn finiog fel cyllell, a gwyddai'r tri erbyn hyn eu bod wedi gwneud rhyw ddrwg mawr yn ei golwg.

"A dydi Einion nac Orig chwaith ddim yn cael tamaid tan ar ôl hanner dydd. Y gweilch bach drwg!"

"Be ydan ni wedi'i wneud, Mam?" gofynnodd Del.

"Paid ti ag edrych mor ddiniwed! Mae golwg ofnadwy ar eich sgidiau chi, yn bridd ac yn faw i gyd. Mi fues wrthi am hanner awr ar ôl codi y bore 'ma yn trio llnau'r tri phâr. Mae'r pridd gwlyb 'na wedi mwydo drwy'r lledr nes bod eu trwynau nhw'n feddal fel pwdin. O ble 'dach chi'n meddwl bod eich tad a minna'n mynd i gael arian i brynu pâr newydd o sgidiau bob wythnos!"

Edrychodd y tri ar y carped ar y llawr o'u blaenau mewn cywilydd. Cofient yn iawn erbyn hyn eu bod nhw wedi rhedeg ar draws yr ardd rosynnau yn Llwyn Eos y noson cynt pan oedd hi'n bwrw glaw. Daliodd Bethan Prys i daranu yn waeth nag erioed.

"Ac mae Einion mewn mwy o helynt na chi, achos mae o wedi rhwygo'i gôt newydd hefyd! Ffwrdd â chi yn ôl i'r llofftydd yna! Does gen i ddim isio gweld 'run ohonoch chi nes bydd hi'n amser cinio, nes bydd y sgidiau 'na wedi sychu o flaen y stôf."

Roedden nhw'n falch o gael mynd allan o'r stafell ac allan o olwg eu mam. Aethant i fyny'r grisiau fel tri chi bach gyda'u cynffonnau rhwng eu coesau. Eisteddodd y genethod ar y gwely yn llofft Wyn gan edrych allan yn freuddwyliol drwy'r ffenest ar frigau noeth y coed. Doedd ganddyn nhw ddim byd i'w ddweud wrth ei gilydd hyd yn oed.

Deffrôdd Wyn yn sydyn ac aeth i sefyll yn nes at y ffenest.

"Cochyn! Mae Cochyn yn cerdded at y drws ffrynt."

Suddodd calon Llinos pan welodd y plismon yn cerdded yn hamddenol braf gan siglo'i freichiau yn ddyn a hanner fel arfer. Canodd y gloch yn y cyntedd, ac roedd gan y tri boen yn dechrau yn eu stumog.

"Be arall ydan ni wedi'i wneud, tybed?" dyfalodd Wyn. "Hwyrach na chawn ni ddim codi tan ar ôl Dolig os ydi Cochyn yn gwybod be ddigwyddodd yn Llwyn Eos ddoe."

Aeth y tri i ben y grisiau i wrando, ac roedd dannedd Del yn rhincian yn ei gilydd gan fod cymaint o ofn arni.

"Ydach chi am ddod i mewn, Cwnstabl Preis?"

gofynnodd Bethan Prys.

"Dim diolch, mae hi'n fore prysur iawn arna i heddiw. Mi ddeuda i fy neges yn y fan yma yn reit sydyn rhag cymryd gormod o'ch amser chitha hefyd. Ydach chi'n cofio ffonio acw y noson o'r blaen, ac yn sôn am y dyn yn y siwt rwber, ddu yn gorwedd ar ganol y ffordd yn ddiymadferth wrth Llwyn Eos?"

"Ydw wir, mi fuon ni'n meddwl dipyn am y creadur. Y ddau yn y car wedi dod yn ôl yma wedi dychryn yn ofnadwy, ac erbyn i'r dynion fynd yn ôl doedd 'na ddim sôn am y dyn druan."

"Wel, mae'r mater wedi setlo, Mrs.Prys! Rydan ni wedi dal tri dihiryn neithiwr. Lladron digwilydd o ganolbarth Lloegr oedden nhw. Ac mi alla i ddeud wrthoch chi rŵan eu bod nhw mewn cryn dipyn o helynt, ac mai yn y carchar fyddan nhw am flynyddoedd ar ôl hyn."

"Felly un o'r lladron oedd y dyn yna welson nhw ar lawr?"

"Synnwn ni fawr. Roedd y tri wedi bwriadu lladrata popeth sydd yn nhŷ'r Person tra'i fod o yn yr ysbyty. Fe anfonwyd Person newydd yma i gymryd ei le. Wyn Ffransis ydi'i enw o, ond mi gafodd o'i gipio gan y dihirod cyn iddo gyrraedd Llwyn Eos."

"Rhaid i mi ddeud bod yr heddlu wedi bod yn sydyn iawn y tro yma, Cwnstabl Preis."

"Dydi'r gyfraith byth yn cysgu wyddoch chi Mrs. Prys, er bod rhai pobl yn hoffi meddwl ein bod ni'n hepian ambell dro."

"Mi wn i hynny, ond be ar wyneb y ddaear oedd gynnyn nhw isio mewn tŷ Person? Doedd 'na fawr o arian yno mae'n siŵr gen i."

"Mi rydach chi'n agos i'ch lle yn y fan yna. Ond mae yna bob math o betha gwerthfawr mewn tai y dyddiau yma wyddoch chi. 'Dan ni'n credu mai bwriad y criw lladron yma oedd clirio popeth o'r tŷ – dodrefn, carpedi, peiriannau at waith tŷ, llyfrau, pob dim! Yna, mynd â nhw yn ddigon pell a'u gwerthu'n ail law mewn ocsiwn. Mae 'na ladron cyfrwys i'w cael ar hyd a lled y wlad yma heddiw, ond rydan ni'r heddlu yn dipyn mwy clyfar na phob un ohonyn nhw, fel y gwelwch chi."

Trodd Wyn at ei chwiorydd ar ben y grisiau a thynnodd bob math o stumiau ar ei wyneb.

"Clywch ar yr hen Gochyn yn canmol ei hun fel arfer. Mi gaiff bedair streipen ar ei lawes am hyn!"

"Dim ond tair sydd gan sarjant," meddai Del.

"Dwi'n gwybod hynny, ond mae plismon Moelfryn yn blismon a hanner, ac felly mae o'n haeddu pedair streipen!"

"Tewch!" sibrydodd Llinos yn ddiamynedd.

Gorffennodd Cwnstabl Preis adrodd ei stori.

"Felly mi gewch chi gysgu'n dawel heno, mae popeth mewn trefn unwaith eto. Roedd yr arolygydd yn y dre isio i mi alw yma gan eich bod chi wedi ffonio."

"Ond ro'n i wedi clywed fod y Person newydd wedi cyrraedd Llwyn Eos, Cwnstabl Preis."

"Mi ddaeth yna ddyn yno yn gwisgo coler gron a phopeth, ac mi lwyddodd i dwyllo'r ferch sy'n gofalu am y tŷ hyd yn oed. Ond un o'r criw lladron oedd o. Mi lwyddodd o i dwyllo pawb – ond yr heddlu."

Diolchodd Bethan Prys iddo am alw i roi'r neges iddi, ac yna caeodd y drws ar ei ôl.

"Dyna'r antur yna wedi gorffen fel tân gwyllt mewn bwced o ddŵr oer!" meddai Wyn braidd yn siomedig wedi i'r tri fynd yn ôl i'w stafell wely.

Ond ni ddywedodd Llinos ddim byd, a sylwodd Del a Wyn fod golwg ddryslyd iawn ar ei hwyneb. Roedd yn rhaid i Del gael gofyn iddi beth oedd yn bod.

"Mae stori Cochyn yn un ddigon rhyfedd rywsut. Wnaeth o ddim egluro dim byd am y dyn yna welodd Ewythr Idwal a Modryb Dilys ar ganol y ffordd. Dim ond deud ei fod o'n synnu dim mai un o'r lladron oedd hwnnw hefyd. Dydi hynny ddim yn gwneud synnwyr i mi beth bynnag."

"Does dim byd mae Cochyn yn ei ddeud byth yn gwneud unrhyw fath o synnwyr!" meddai Wyn.

Cyn pen chwarter awr canodd cloch y drws ffrynt unwaith eto ac roeddynt yn falch o weld mai Guto Hopcyn oedd yno y tro hwn.

"Welais i ddim golwg o'r plantos yn nunlle bore yma, Bethan Prys," meddai.

"Mae'r tri yma yn eu llofftydd, a dau hogyn Pengwern hefyd ar ôl difetha'u sgidiau a rhwygo'u dillad neithiwr."

"Wel! Wel! Hogyn fel'na oeddwn inna erstalwm hefyd, mewn helynt o hyd am wneud rhyw ddrygioni digon diniwed. Mi faswn i'n hoffi iddyn nhw alw acw ar ôl cinio. Mae gen i betha reit bwysig i'w dangos i'r pump. Ac mae hi'n Ddolig mewn dim rŵan meddan nhw!"

"Does dim isio i chi roi dim byd iddyn nhw, Guto Hopcyn. Mae arian eich pensiwn chi'n ddigon prin, mi wn i hynny. 'Dach chi'n gwneud gormod o lawer i'r hen blant 'ma."

Gwenodd Llinos, Wyn, a Del ar ei gilydd. Roedd yr hen ŵr wedi meddalu tipyn ar galon eu mam, a gwyddent fod ganddynt obaith da i gael mynd allan yn gynnar yn y pnawn.

Pennod 9: Y Pla Du

YMHEN HANNER AWR ar ôl cinio rhedodd Smwt i mewn i'r tŷ at Llinos gan gyfarth yn gyffrous. Dechreuodd hithau gosi o dan ei glustiau a cheisio ei gael i droi yn ei unfan a dal ei gynffon. Ond nid oedd dim byd yn tycio, a dal i gyfarth o hyd roedd y daeargi.

"Be sy'n bod arnat ti heddiw yr hen gi gwirion!"

Safodd Smwt wrth y drws gan gyfarth yn ddi-baid nes bod ei draed blaen yn codi oddi ar y llawr gyda phob cyfarthiad.

"Mae'n trio deud rhywbeth wrthon ni," meddai Del. "Dwi'n meddwl ei fod o isio i ni ei ddilyn o allan drwy'r drws."

Rhedodd y tri drwy'r gegin gefn a rasiodd Smwt rhwng eu coesau er mwyn cyrraedd o'u blaenau. A dyna lle'r oedd Einion ac Orig yn cicio'u sodlau ac yn edrych yn euog, fel pe baent wedi gwneud rhyw ddrwg mawr.

"Pam na fasach chi'n dod i mewn fel arfer?" gofynnodd Wyn.

"Doeddan ni ddim isio wynebu dy fam," atebodd Orig. "Gawsoch chi ffrae am fod golwg mawr ar eich dillad chi fel y cawson ni?"

"Coblyn o ffrae, a Mam yn fflamio'n wyllt," meddai

Llinos. "Ond roedd hi wedi anghofio bob dim erbyn amser cinio. Mae gynnon ni newydd da hefyd!"

"Diolch byth am rywbeth da ar ôl gorfod aros yn ein gwlâu drwy'r bore. Roeddan ni'n dau wedi syrffedu'n lân."

"Glywsoch chi rywbeth o Lwyn Eos?" holodd Einion.

Adroddodd y tri hanes Cochyn yn galw ac yn dweud fel roedd yr heddlu wedi dal y tri lleidr a bod Wyn Ffransis, y Person go iawn, wedi cyrraedd Llwyn Eos erbyn hyn.

Roedd Einion yn falch o glywed bod Lowri yn iawn ond nid oedd yn hollol siŵr ei fod yn teimlo'n hapus bod eu hantur wedi dirwyn i ben mor swta. Ond pan glywodd y ddau fod Guto Hopcyn eisiau eu gweld, roedd Orig ac yntau yn teimlo'n fwy calonnog o'r hanner.

Gwyddai Smwt eu bod am gychwyn i rywle, ac roedd yntau eisiau cael mynd gyda nhw. Wedi iddynt gyrraedd Llety'r Wennol, y daeargi aeth i mewn i'r tŷ gyntaf, a dechreuodd neidio o gwmpas coesau'r hen ŵr tra oedd wrthi'n golchi cwpan a soser a phlât ar ôl cinio.

"Dewch i mewn!" galwodd arnynt. "Dwi 'di dod o hyd i'r torion papur ar ôl chwilio a chwalu drwy bob cwpwrdd sydd yn y tŷ 'ma. Mae hanes pob lleidr sy wedi trio dwyn canwyllbrennau Llywelyn gen i ar y bwrdd acw."

"Pwy fyddai'n meddwl bod cymaint o sgrifennu wedi bod amdanyn nhw yn y papurau newydd," meddai Wyn ar ôl gweld y pentwr o hen bapurau.

Gosododd Guto Hopcyn ei sbectol ar flaen ei drwyn.

"Gadewch i mi eu gweld nhw yn eu trefn," meddai gan godi tudalen oedd wedi melynu gan henaint. "Dyma chi dipyn o hanes Llywelyn Fawr i ddechra arni. Mi gafodd o'i eni yn 1173, ac roedd o'n dechra rhyfela yng Ngwynedd pan oedd o'n llanc pedair ar ddeg oed. Yna mi briododd â Siwan, merch brenin Lloegr pan oedd o'n ddeuddeg ar hugain oed. A rhyfela fu ei hanes o ar hyd ei oes hir, a phan oedd yn hen ŵr aeth i Abaty Aberconwy a byw yno gyda'r mynachod. Bu farw yn Ebrill 1240 yn drigain a saith mlwydd oed."

"Dwi ddim yn meddwl fod chwe deg saith yn hen iawn," meddai Llinos.

"Mae llawer ohonon ni yn byw'n hŷn heddiw wrth gwrs, ond ychydig iawn oedd yn byw mor hen â hynny yn oes Llywelyn – yn enwedig tywysogion. Roedd y rhan fwyaf ohonyn nhw yn marw yn y rhyfeloedd cyn bod yn ddeg ar hugain oed."

"Mae'n rhaid ei fod o'n filwr medrus iawn felly os oedd ei elynion i gyd wedi methu ei ladd," penderfynodd Orig. "Ond pryd roddodd Llywelyn y canwyllbrennau gwerthfawr i Eglwys Llanddyfrig?"

"Flwyddyn neu ddwy cyn marw faswn i'n meddwl, yn ôl y papurau yma. Roedd o yn Abaty Aberconwy ar y pryd beth bynnag."

"Be am y lladrad cynta?" gofynnodd Wyn yn ddiamynedd.

"Chydig dros ganrif wedyn pan ddaeth y Pla Du i Gymru. Amser enbyd oedd hwnnw – meddyliwch fod un o bob tri o Saeson Lloegr wedi marw o'r afiechyd enbyd yma o fewn blwyddyn. Ac o borthladd Bryste fe ddaeth i Gymru, a chwalu o Went i gyrion pellaf Ynys Môn mewn chydig fisoedd."

"Oedd y Pla Du yn debyg i'r frech goch, Guto Hopcyn?" holodd Del.

"Gwaeth o'r hanner 'merch i. Doedd 'na ddim gwella arno fo. Clamp o chwydd du yn torri allan yn y gesail a phawb yn marw mewn chydig iawn o amser ar ôl i'r chwydd ymddangos. Ac mi roedd yn heintus ofnadwy, un yn ei gael o oddi wrth y llall. Pob math o bobl – pysgotwyr, ffermwyr, masanchwyr, milwyr, offeiriaid, pawb!"

Crychod Einion ei dalcen. "Be sydd â wnelo'r Pla Du yma a'r canwyllbrennau?"

"Wel, doedd dim sôn am yr haint yn yr ardal yma pan ladratwyd y tair canhwyllbren, ond mi drawyd y lleidr cynta gan y pla."

"Felly roedd y dyn wedi cael y pla am ei fod wedi dwyn y canwyllbrennau," rhesymodd Orig.

"Dyna'n union ddigwyddodd. Roedd melltith y pla wedi taro'r lleidr a'i gosbi am ddwyn rhodd Llywelyn i'r eglwys. A dyna gychwyn cyfres o ddigwyddiadau tebyg."

"Be ddigwyddodd i'r lladron yr holl droeon eraill?" gofynnodd Einion. "Mi ddeudoch chi fod deuddeg cynnig wedi ei wneud i ddwyn y canwyllbrennau drwy'r canrifoedd."

"Yr un peth bob tro: chwydd mawr, du yn codi o dan gesail y lleidr. Hwnnw'n dioddef yn ofnadawy nes bod raid i rywun ddod i'w weld, ac yna roedd y tair canhwyllbren yn dod i'r golwg. A'r peth rhyfedd oedd fod neb arall oedd yn dod i gysylltiad â'r claf yn cael yr haint. A dyma i chi beth arall. Cyn gynted ag yr oedd y canwyllbrennau'n ôl ar allor Eglwys

Llanddyfrig, roedd y lleidr yn gwella ymhen amser."

Yna dechreuodd Wyn ddarllen y rhestr o'r holl ladradau a fu. "1400 – y flwyddyn pan gychwynnodd Gwrthryfel Glyndŵr. Milwyr Seisnig ar daith drwy'r ardal yma yn dwyn y canwyllbrennau. Yna 1471 a 1584, ddwywaith bob un yn y ddwy ganrif nesa, unwaith yn y bedwaredd ganrif ar bymtheg, a thair gwaith hyd yn hyn yn y ganrif yma. Unwaith yn 1919 ar ddiwedd y Rhyfel Byd Cyntaf, wedyn yn 1938, pan oedd hi'n galed iawn arnon ni yng Nghymru a miloedd ar filoedd yn ddi-waith. A'r tro olaf ar ddiwedd yr Ail Ryfel Byd."

"Mae rhyw swyn yn perthyn i'r canwyllbrennau yma," meddai Guto Hopcyn gyda chrac yn ei lais, "er nad oes neb erioed wedi llwyddo i egluro'r peth. A chofiwch fod y Pla Du wedi darfod o'r tir ers canrifoedd."

Ysgydwodd Llinos ei phen ar ôl methu gwneud unrhyw synnwyr o'r hanesion.

"Dwi'n siŵr na fasai'r un gwyddonydd yn credu'r fath beth!"

"Mae 'na lawer o betha rhyfedd iawn yn digwydd o'n cwmpas ni bod dydd blantos, a llawer ohonon ni'n gwrthod eu credu nhw am nad oes 'na eglurhad pendant iddyn nhw. Ond maen nhw'n digwydd, all neb wadu hynny."

"Diolch byth na fydd raid i neb ddioddef poenau'r Pla Du y tro yma," meddai Del. "Mae'r tair canhwyllbren yn ddiogel."

Clywsant sŵn traed tu allan i'r ffenest, ac aeth Guto Hopcyn i'r drws. Lowri oedd wedi galw yno i chwilio am y Llewod.

"Ty'd i mewn 'ngeneth i, ac mi gei di weld ein bod ni'n brysur ofnadwy efo hanes canwyllbrennau Llywelyn."

Sylwodd y Llewod fod Lowri yn edrych yn hapusach nag y gwelsant hi erioed o'r blaen.

"Glywsoch chi'r newydd da?" gofynnodd yn siriol iddynt.

"Y newydd gorau un cyn y Nadolig," meddai Llinos. "Mi fydd y canwyllbrennau ar yr allor yn y gwasanaeth fel arfer."

"Mae'r Parch.Wyn Ffransis wedi cyrraedd o'r diwedd ac mae'n bwriadu mynd i weld Eglwys Llanddyfrig y pnawn yma. Mae'n gofyn i chi fynd gydag o i fyny i'r mynydd er mwyn iddo gael cwmni."

"Be am fynd!" cynigiodd Orig.

"Dwi'n meddwl y byddai awelon iach y mynydd yn gwneud byd o les iddo fo ar ôl cael ei gadw am ddyddiau mewn stafell dywyll gan y lladron yna."

"Wrth gwrs ein bod ni'n mynd," meddai Llinos. "Mi fydd yn gyfle i ninna gael gweld yr hen eglwys hefyd."

Pennod 10: Y Dyn Cloff

"DOEDD DIM RHYFEDD fod y Person ffug yn Llwyn Eos yn gwrthod galw'r heddlu ar ôl i'r lladron ddwyn y ddwy ganhwyllbren," meddyliodd Wyn.

"Ond pam oedd dau ddyn y car lampau melyn yna'n clymu'r person ffug yn y gadair neithiwr?" dyfalodd Orig.

Roedd Llinos wedi meddwl yr un peth.

"Tric oedd hynny gan y lladron," meddai Einion, "er mwyn dal ati i dwyllo y Person iawn oedd wedi dod i Lwyn Eos. Ac roedd yn rhaid i'r lladron ddwyn y tair canhwyllbren wrth gwrs er mwyn cael y set yn gyfan."

"Pam mae lampau'r car yn felyn?" holodd Del.

Cofiodd Wyn am yr helbul gafodd Ewythr Idwal a Modryb Dilys pan aethant dros y môr ar eu gwyliau ddwy flynedd yn ôl.

"Roedd y plismyn tramor yn eu poeni byth a beunydd am fod golau eu lampau yn wyn fel pawb arall yng Nghymru. Mae'n rheol yn Ffrainc fod raid cael lampau melyn bob amser."

"Felly roedd y lladron wedi bod yn Ffrainc," rhesymodd Llinos.

"Neu'n bwriadu mynd yno ar ôl dwyn canwyllbrennau Llywelyn," ychwanegodd Einion, "a gwerthu'r tair i rywun cyfoethog iawn sy'n casglu hen betha gwerthfawr. 'Dan ni'n gwybod yn barod fod y tair canhwyllbren wedi bod mewn arddangosfa ar y cyfandir ar ôl inni weld y torion o'r papurau newydd gan Guto Hopcyn."

Safodd car y Person yn eu hymyl.

"Chi ydi Llewod pentre Moelfryn?" gofynnodd y gyrrwr gan wthio'i ben allan drwy'r ffenest.

Ni wyddai'r pump sut i'w ateb; roeddent i gyd yn teimlo'n reit swil am funud.

"Mae Lowri wedi deud yr hanes i gyd wrtha i. Diolch i chi am bopeth rydach wedi'i wneud. Oni bai amdanoch chi fyddai'r heddlu byth wedi dal y lladron."

Agorodd ddrws y car er mwyn iddynt fynd i mewn. Petrusodd Einion. "Mae Smwt efo ni hefyd."

"Dewch ag o efo chi, mae 'na ddigon o le i un bychan arall."

"Ydi Lowri ddim yn dod i weld Eglwys Llanddyfrig?" gofynnodd Llinos ar ôl gweld nad oedd y ferch ifanc yn y car.

"Roedd hi isio mynd i'r dre i orffen siopa cyn y Nadolig. Chafodd hi fawr o gyfle i wneud dim byd tan heddiw. Ond mi fydd hi'n dod i'r gwasanaeth noswyl Nadolig. Ydach chi wedi bod o'r blaen?"

Roedd gan y pump gywilydd dweud na fuont yno erioed, a'u bod yn gwybod cyn lleied am un o drysorau pennaf eu gwlad, yn enwedig gan fod pobl o wledydd eraill yn gwybod amdanynt.

Chwarddodd Wyn Ffransis. "Fel yna mae hi'n aml iawn. Mae llawer ohonon ni'n gwybod am wledydd ym mhen draw'r byd, ond byth yn meddwl am y petha diddorol sydd yma yng Nghymru o dan ein trwynau ni."

Dringodd y car ar hyd y ffordd droellog i fyny'r llethrau nes roeddent yn uchel uwch ben y dyffryn. Pan sylwodd Wyn fod y sgwrs rhyngddynt yn teneuo, trodd at y Person.

"Wyddoch chi, Mr.Ffransis, be sydd i'w gael mewn eglwys ond byth mewn capel?"

"Fe ddylwn ni allu ateb y pos yna heb help yr heddlu beth bynnag! Be am allor a chloch, a thŵr."

Sylwodd Llinos fod Wyn yn gwenu'n foddhaus.

"Rhai slei ydi posau 'mrawd," meddai gan droi at Wyn Ffransis. "Mae 'na dro yng nghynffon pob un ohonyn nhw."

Ond nid oedd Wyn am adael i Llinos ddifetha ei hwyl.

"Roeddwn i'n meddwl y byddech chi, Mr.Ffransis, yn siŵr o wybod yr ateb y tro yma."

"Rwyt ti wedi fy llorio i'n lân! Wn i ddim be arall i'w gynnig. Hwyrach bod angen esgob i roi ateb i gwestiwn anodd fel yna."

"Mae'n ofnadwy o syml! Mae 'na lythyren 'g' yn y gair 'eglwys', ond does 'na 'run mewn 'capel'."

"Ha! Ha! Ha! Mi rydw i'n gweld y tro cynffon mochyn rŵan!"

Arafodd y car a throdd Wyn Ffransis ei drwyn oddi ar y ffordd gul. Roedd hen ŵr wrthi'n brysur yn ailosod y giât haearn yn wal yr eglwys. Aeth y Person ato i gyflwyno'i hun ac i ysgwyd llaw.

"Crafu'r ddaear oedd y llidiart 'ma, ac wedi mynd yn anodd i'w hagor," eglurodd. "Ac mae'n rhaid i bopeth fod yn iawn erbyn y gwasanaeth. Dwi wedi bod yma bob noswyl Nadolig ers trigain mlynedd yn ddi-dor. Ac mi roedd canu gwell ar y carolau y Nadolig diwetha nag a glywais i erioed o'r blaen."

"Fyddai Guto Hopcyn byth yn cyfadde hynny!" sibrydodd Orig wrth Llinos.

Gadawyd Smwt yn y car a cherddodd y Llewod ar hyd llwybr cul rhwng yr hen gerrig beddau gan gario'r canwyllbrennau bob yn ail. Yna, ar ôl mynd i mewn i'r eglwys, gosododd Llinos a Del y tair ar yr allor. Aeth Wyn Ffransis i mewn ar eu holau mewn ychydig funudau, a safodd i edrych arnynt.

"Dewch yma am eiliad i weld y drws. Mae hwn yn hynod iawn – mae o wedi ei osod ar golyn. Edrychwch ar y pinnau pren sy'n dal y drws yn y ffrâm, un yn y gwaelod a'r llall yn y pen ucha. Ar y pinnau yma mae'r drws yn troi pan mae'n agor a chau."

"A llawr pridd!" ychwanegodd Del. "A'r waliau wedi eu gwyngalchu, a meinciau heb gefnau i'r bobl eistedd arnyn nhw."

"Welwch chi'r ffenest fach acw ar ei phen ei hun?" meddai'r Person gan bwyntio draw i'r cyfeiriad arall. "Ffenest y gwahangleifion ydi honna."

"Pam mae hi wedi cael enw rhyfedd fel'na?" holodd Einion. "Fu yna erioed wahangleifion yma yng Nghymru?"

"Do'n wir, ganrifoedd yn ôl. Rydan ni heddiw yn darllen am wahangleifion yn y Beibl ac yng ngwledydd y dwyrain, ond roedd yr afiechyd difrifol yna yn peri llawer o boen a blinder yma hefyd ar un amser. Doedd wiw i'r gwahanglwyfus ddod i mewn i'r eglwys at bobl eraill yr ardal; felly roedden nhw'n sefyll y tu allan ac yn gwylio'r offeiriad wrth yr allor drwy'r ffenest fach acw."

"Mae un peth yn difetha'r lle i gyd i mi," meddai Wyn. "Pam oedd isio gosod golau trydan mewn eglwys mor hen â hon?"

Cytunai'r Person, a dywedodd y byddai o'n defnyddio canhwyllau a lampau olew yn unig pe cai ei ffordd.

"Mae 'na rywun arall wedi cyrraedd i gael golwg ar yr eglwys hefyd," galwodd Del o'r drws.

Aeth y pump allan i gerdded o gwmpas y fynwent, er mwyn gweld yr adeilad o'r tu allan tra oedd Wyn Ffransis yn paratoi popeth ar gyfer y gwasanaeth.

"Mae'n edrych fel tasa fo wedi bod mewn damwain," meddyliodd Orig. "Mae o'n gloff ac mae ganddo fo blastar ar ei foch hefyd."

Yna aethant i wylio'r hen ŵr yn trin y giât.

"Pum munud arall," meddai, "ac mi fydd yn amser i mi droi adre am de."

Sythodd ei gefn a gwelodd yr ymwelydd yn cerdded yn ôl a blaen rhwng y beddau. Craffodd arno, ac roedd yn amlwg ei fod wedi synnu ei weld yno.

"Dwi'n siŵr mai Ben Powel ydi'r dyn acw. Fyddwn ni byth yn ei weld o gwmpas yr ardal 'ma yr adeg yma o'r flwyddyn fel arfer."

"Ac mae o'n gloff hefyd," meddai Einion.

"Bobol bach! Be sy wedi digwydd iddo fo, tybed? Wnes i erioed sylwi ar y cloffni o'r blaen. Dyn sionc fel gwiwer ydi Ben Powel, ac wrth ei fodd ar y mynydd yma ac yn hwylio ar Lyn Gwynfryn."

"Mae o'n byw yma felly?" holodd Llinos.

"Fo sy'n rhentu Hafod y Bugail ym mhen y llyn

ers dwy neu dair blynedd. Un arall o'r hen fythynod yma wedi troi'n dŷ haf. Ond mae'n dda gen i weld mai Cymro ydi o beth bynnag. Fedra i ddim diodde gweld pobol Lerpwl a Birmingham ar hyd y lle yma. Maen nhw'n uchel eu cloch, ac yn hawlio bob dim fel tasan nhw wedi bod yma erioed. Tynnu waliau cerrig i lawr, gadael y giatiau ar agor a thaflu poteli gweigion ar y mynydd a'r defaid yma'n torri eu traed ar y gwydrau."

"Fydd o'n sgïo ar y llyn hefyd?" gofynnodd Einion.

"Be wyt ti'n feddwl, llanc?"

"Fydd o'n llithro ar hyd wyneb y llyn a chwch modur yn ei dynnu ar draws y dŵr."

"Bydd yn tad! Ac yn mynd fel gwennol. Mae o'n fwy o gampwr ar y gwaith yna na neb o'r hen griw Lerpwl 'na."

Tynnodd ei wats o boced ei wasgod.

"Rhaid i mi fynd bobol bach, neu mi fydda i'n hwyr am fy nhe!"

"Be am gerdded adre yn lle mynd i lawr yn y car efo Wyn Ffransis," awgrymodd Einion.

Edrychodd y pedwar arall yn syn arno. Ond wyneb Llinos oedd y cyntaf i newid, am mai hi oedd wedi deall beth oedd ar ei feddwl.

"A cherdded i ben Llyn Gwynfryn gynta, heibio Hafod y Bugail?" gofynnodd.

Pennod 11: Smwt ar y Trywydd

"DWI'N DEALL RŴAN pam rydach chi isio cerdded yn ôl i Foelfryn," meddai Wyn Ffransis wedi iddynt fynd drwy'r giât ac at y ffordd i olwg y car.

Roedd Smwt wedi eu clywed yn nesu a neidiodd o ben un sedd i'r llall yn gyffrous, a dechrau cyfarth pan welodd y pump yn sefyll i siarad gyda'r Person wrth wal y fynwent.

Agorodd Llinos y drws a sbonciodd y daeargi allan o'r car fel pe bai wedi bod mewn carchar am flynyddoedd.

"Rhaid i ni gychwyn rŵan gan fod Smwt mor ddiamynedd," ebe Einion. Yna trodd at y ci.

"Ty'd i ni gael ras at y gornel acw!"

"Hwyl fawr, Mr.Ffransis!" gwaeddodd pawb gan chwifio eu dwylo wrth ffarwelio.

Roedd Smwt wrth ei fodd yn rhedeg a rasio yn ôl a blaen. Rhedai weithiau fel sgyfarnog ar hyd y ffridd, yna fe droiai'n sydyn fel chwaraewr rygbi a gwibio'n ôl nes colli ei wynt yn lân.

Safodd Orig ar ben wal gerrig a chysgododd ei lygaid gyda'i ddwylo er mwyn gweld yn gliriach.

"Dwi'n meddwl ein bod ni'n ymyl Hafod y Bugail. Mae 'na dŷ carreg isel o fewn tafliad carreg i ben y llyn beth bynnag, a choed criafol yn tyfu tu ôl iddo fo."

"Pam oeddat ti isio cerdded yn ôl heibio tŷ Ben

Powel?" gofynnodd Wyn.

Ni wyddai Einion sut i'w ateb.

"Wn i ddim yn iawn. Welais i erioed mohono fo o'r blaen, a dydi o ddim wedi gwneud dim byd i mi."

"Dydw i ddim yn deall," meddai Del.

"Na finna chwaith," meddai Einion gan godi ei ysgwyddau. "Ond dwi'n teimlo 'mod i isio gwybod rhagor am y dyn ar ôl gwrando ar yr hen ŵr yn siarad amdano wrth giât y fynwent."

"Mae'r lle'n dawel iawn beth bynnag," meddai Llinos. "Does 'na ddim golwg fod yna neb gartre."

Edrychodd Orig dros y wal. "Mae sied y car yn wag hefyd."

Diflannodd Smwt drwy'r adeiladau allanol, oedd yn perthyn i'r bwthyn, ond ni chymerodd 'run o'r Llewod sylw o hynny am rai munudau. Yna, clywsant ei sŵn yn gwichian yn gyffrous.

"Smwt! Smwtyn! Ty'd yma!" galwodd Llinos.

Ond nid oedd golwg ohono yn unman, dim ond ei sŵn yn gwichian a hanner cyfarth bob yn ail.

"Wyt ti'n meddwl, Del, ei fod o mewn rhyw fath o beryg?"

"Mae Smwt yn siŵr o ddod allan o bob cornel. Wyt ti am mi fynd i weld ble mae o?"

"Mae'n well i ti beidio. Mi all Ben Powel ddod yn ei ôl yma unrhyw funud."

Dechreuodd Smwt gyfarth o ddifri yn awr, a dal ati yn daer. Ni allai Wyn ddal rhagor. Neidiodd fel gafr dros y wal isel, ac aeth i'r sied oedd yn pwyso ar dalcen y tŷ. Clywsant Wyn yn sgwrsio gyda'r daeargi. Yna galwodd arnynt i ddod ato.

"Einion! Orig!...Llinos! Del!"

Anghofiodd y pedwar am Ben Powel ac aethant at ddrws y penty. Dyna lle'r oedd Smwt yn tyrchu trwy domen o hen ddilladau a geriach mewn cornel dywyll, a Wyn yn ceisio dyfalu beth oedd wedi deffro ei chwilfrydedd.

"Dyna gi da!" canmolai Wyn. "Wn i ddim be fasai'r Llewod yn wneud hebddot ti."

Rhedodd Orig at ei ymyl. "Be mae o wedi'i ddarganfod?"

Tynnodd Wyn siwt sgïwr dŵr o ganol y pentwr a daliodd hi i fyny'n uchel er mwyn i'r lleill ei gweld.

"Pam tybed mae Smwt yn dangos cymaint o ddiddordeb yn y siwt?" gofynnodd Einion. "Ty'd â hi yma, Wyn, er mwyn i ni gael ei gweld yn y golau."

"Ond rydan ni'n gwybod bod Ben Powel wedi arfer sgïo dros wyneb Llyn Gwynfryn," meddai Llinos.

"Edrychwch, mae trwyn Smwt yn gwaedu," dychrynnodd Del.

Gadawodd y pedwar y siwt ar lawr wrth y drws er mwyn gweld beth oedd wedi digwydd i'r daeargi.

"Paent coch!" meddai Wyn.

Gafaelodd Llinos yn ei goler tra oedd Einion yn sychu'r cochni gyda'i fys.

"Ddim paent ydi hwn," meddai, "ac mae Smwt yn gwybod hynny'n iawn hefyd. Dyna pam oedd o'n cadw cymaint o sŵn gynnau. Mae o wedi dod ar draws gwaed yn rhywle."

Teimlodd Llinos groen ei hwyneb yn tynhau pan glywodd y bechgyn yn siarad am waed.

Archwiliwyd y siwt sgïo dŵr yn fanwl, ac yna daliodd Orig ei fys i fyny er mwyn i'r lleill ei weld, ac roedd ei flaen yn goch.

"Dyna fo, yn y rhan o'r wisg sy'n mynd am y pen mae'r gwaed. Mae o wedi ceulo, ond mae'n ddigon hawdd gwybod mai gwaed ydi o o hyd."

Edrychodd y pump ar ei gilydd am funud heb ddweud gair. Roeddent i gyd yn meddwl yr un peth. Ond ni allai Wyn ddal yn hir heb ddweud rhywbeth.

"Hon ydi siwt y dyn oedd yn gorwedd ar ganol y ffordd. Mi ddeudodd Ewythr Idwal ei fod wedi gweld ei wyneb yn gwaedu. Ydach chi'n cofio?"

"Felly os mai siwt sgïo dŵr Ben Powel ydi hon," meddyliodd Llinos, "mae'n bosib mai Ben Powel oedd yn gorwedd yn ddiymadferth ar draws y ffordd, cyn iddo ddiflannu wedyn yn rhyfedd iawn hefyd."

Roedd Orig yn gosod rhagor o ddarnau o'r pos dirgel wrth ei gilydd erbyn hyn.

"Mi welson ni'r plastar ar ei wyneb, ac mae hynny'n profi'n bendant ein bod ni'n gywir!"

"Iawn!" cytunodd Einion. "Ond be ddigwyddodd wedyn? Be oedd Ben Powel yn ei wneud yn ddiymadferth ar ganol y ffordd fawr mor hwyr y nos?"

Cododd Orig ar ei draed yn sydyn, a'r eiliad nesaf gwnaeth y pedwar arall yr un fath. Ceisiodd Llinos gydio yng ngholer Smwt ond roedd yn rhy hwyr; syrthiodd ar ei hyd ar y ddaear, a rhuthrodd y daeargi i'r ffordd a dechrau cyfarth.

"Rhaid i ni fynd â'r siwt sgïo yn ôl i'r sied," meddai Wyn gan afael ynddi a rhedeg drwy'r drws.

Gwyliodd Einion y car yn nesu ac arweiniodd y lleill heibio pen arall y bwthyn. Yna, safodd y cerbyd a rhedodd Smwt at ddrws y gyrrwr a chyfarth yn fwy ffyrnig nag erioed.

"Rhaid i ni fynd i'w nôl o!" meddai Llinos, a cherddodd ato heb ddisgwyl ateb gan y bechgyn.

Agorodd Ben Powel y ffenest. "Mae o'n swnio'n beryglus iawn! Ydi hi'n ddiogel i mi ddod allan?"

Roedd gwên ar ei wyneb a theimlai Llinos yn gyfeillgar tuag ato. Gafaelodd am ganol Smwt a chododd y ci i fyny yn ei breichiau. Trodd yntau ei ben a chwyrnu arni gan nad oedd yn hoffi cael ei godi.

"Drwg! Ci drwg, Smwtyn!" meddai'n flin.

Yna rhedodd ei llaw yn ysgafn dros ei ben, a gwnaeth Ben Powel yr un peth. Erbyn hyn roedd y pedwar arall wedi cerdded at y car er mwyn gweld beth oedd yn digwydd.

Camodd Ben Powel allan o'r car.

"Dewch i'r tŷ am ddiod a theisen efo mi cyn cychwyn lawr i Foelfryn," meddai.

Cododd y pump eu haeliau.

Gwyddai Ben Powel ei fod wedi eu synnu, ac roedd gwên chwareus yn ei lygaid.

"Fe wnaiff Llinos a Del fy helpu i dwi'n siŵr!"

Roedden nhw wedi eu syfrdanu'n fwy fyth erbyn hyn. Ar ôl mynd i mewn i'r bwthyn gwelsant mai dodrefn syml tŷ ffarm hen ffasiwn oedd yn y gegin, yr union rai oedd yno pan gefnodd y teulu olaf ar y lle.

"Oren neu lemon ydi'r gorau gynnoch chi?"

Dewisodd y bechgyn ddiod oren, a chymerodd y genethod wydriad bob un o ddiod lemon.

"Mae'r teisennau yn y bocs tun glas ar y silff. Mae'r rhai hufen yn flasus iawn!"

Eisteddodd y pump o gwmpas y bwrdd crwn ar

ganol llawr y gegin. Taniodd Ben Powel ei getyn, ac aeth i eistedd yn y gadair freichiau fawr o flaen y tân.

Teimlai Einion yn annifyr ers meitin, ac roedd ar dân eisiau gofyn cwestiwn. Ni allai ddal ddim rhagor.

"Rydach chi'n gwybod llawer o betha amdanon ni, Mr.Powel, ond dydan ni ddim yn eich adnabod chi."

Cododd o'i gadair ac estynnodd am y blwch matsys i aildanio'i bibell.

"Dyna ydi 'ngwaith i yma, Einion, dod i wybod popeth posib am bawb. Dwi'n sylwi hefyd dy fod titha'n gwybod f'enw inna."

"Ditectif ydach chi?" gofynnodd Del.

"Hwyrach wir! Ydach chi'n mwynhau'r teisennau? Mae gynnon ni achos i ddathlu heddiw ar ôl i'r plismyn ddal y lladron."

"Felly rydach chitha'n gwybod am Lwyn Eos a Lowri a'r Parch.Wyn Ffransis," meddai Wyn.

"Wrth gwrs, mae pob Cymro gwerth ei halen yn gwybod am dair canhwyllbren Llywelyn. Ond mae pob peryg ar ben erbyn hyn, a'r canwyllbrennau'n ddiogel."

"Ydach chi'n mynd i'r gwasanaeth nos fory, Mr.Powel?" gofynnodd Orig.

"Na, mae 'ngwyliau pedwar diwrnod i ar ben. Rhaid i mi fynd gartre heno. Does dim pwrpas aros yma dim rhagor gan fod y Llewod wedi bwyta fy nheisennau i gyd!"

Golchwyd y gwydrau diod mewn basn yn y gegin fach, a thynnwyd y llenni dros ffenest Hafod y Bugail. Agorodd Ben Powel gaead y gist yng nghefn y car a gosododd ddau fag lledr cryf ynddi. Dywedodd ei fod yn mynd i lawr drwy bentref Moelfryn, a'i bod yn llawer rhy hwyr i'r Llewod gerdded adref ar eu pennau eu hunain, gan y byddai wedi tywyllu cyn pen hanner awr.

Pennod 12: Tywyllwch

"Dim eira eto heddiw!" meddai Del, a thinc siomedig yn ei llais ar ôl mynd i lawr i'r gegin am ei brecwast y bore olaf cyn y Nadolig.

"Paid â chwyno gymaint," atebodd Wyn. "Pe bai 'na gnwd trwm o eira wedi disgyn yn ystod y nos fydden ni ddim yn gallu mynd i Eglwys Llanddyfrig ar y mynydd heno."

Roedd Llinos am ochri gyda'i chwaer.

"Chawn ni ddim mynd gan Mam p'run bynnag, mi gei di weld. Does ganddi hi fawr o amynedd efo dim byd yn ddiweddar...Hei! Mae Einion ac Orig wedi cyrraedd!"

Cododd Wyn i edrych allan drwy'r ffenest.

"Sut y gwyddost ti?"

"Cyfarthiad Smwtyn, siŵr iawn. Mae'n ddigon hawdd gwybod pan mae o'n estyn croeso i'r hogia."

Roedd y ddau yn hir yn dod i mewn i'r gegin, a methai Wyn a deall beth oedd y sgwrsio prysur rhyngddyn nhw a'i fam. Yn y diwedd agorodd y drws yn sydyn a daeth Bethan Prys i mewn gyda'i dwylo yn flawd i gyd.

"Ar un amod yn unig!" meddai. "Mi gewch chi fynd am fod Guto Hopcyn wedi gwneud trefniadau i'ch cario chi i'r eglwys ac yn ôl. A'r amod ydi eich bod chi'n helpu o gwmpas y tŷ yma drwy'r bore."

Llamodd Wyn ar ei draed a gafaelodd ym mreichiau ei fam a dechrau dawnsio'n hapus yn ei unfan o'i blaen.

"Drycha be rwyt ti'n 'i wneud, neu mi fyddi di'n flawd o dy gorun i dy sawdl! Be ydi'r lol wirion 'ma sy wedi dod drosot ti mor sydyn?"

"Ddim lol ydi bod yn hapus, Mam! Diolch yn fawr am adael i ni fynd i'r gwasanaeth Nadolig. Mi wna i bopeth rydach chi isio i mi ei wneud. Mi dorra i goed tân, brwsio'r grisa concrid, a phaentio'r tŷ i gyd tu mewn a thu allan!"

Ni allai Bethan Prys beidio â gwenu wrth ei weld mor llawen, er bod ganddi lond gwlad o waith paratoi ar gyfer trannoeth.

"Ond fedar Guto Hopcyn byth gerdded yr holl ffordd i fyny'r llechwedd at yr hen eglwys," meddyliodd Llinos.

"Pwy sy'n deud ein bod ni'n mynd i gerdded!" meddai Orig. "Mae o wedi trefnu i Glyn Bryn Derw fynd â ni i fyny yn ei gar. Dyna ydi ei anrheg Dolig o i'r Llewod medda fo!"

Rhuthrodd Wyn am y drws.

"Ble'r wyt ti'n mynd?" gofynnodd ei fam.

"I wneud pwdin Dolig!"

"Dwyt ti ddim yn mynd i wneud y fath beth! Mi fasai pawb yn sâl am wythnos tasat ti'n meddwl am wneud pwdin!"

Gweithiodd y Llewod fel haid o wenyn drwy'r bore heb rwgnach o gwbl.

"Gwyliwch ladd eich hunain wir!" galwodd Bethan Prys arnynt drwy'r ffenest.

Ond nid oedd arafu arnynt gan fod yr amser yn mynd cymaint â hynny'n gyflymach pan oedd pawb yn gweithio'n galed.

Ar ôl cinio canol dydd gosodwyd yr anrhegion i gyd o dan y goeden yn barod i'w hagor fore trannoeth. Yna, aethant i Bengwern i roi help llaw i fam Einion ac Orig cyn te.

Pan ddaethant yn ôl, gwelsant fod eu mam ar ei gliniau yn chwilio o dan y cypyrddau yn y lolfa.

"Wn i ddim be i'w wneud wir! Mi fydd Mari Llwyd yn dod yma heno i'ch disgwyl chi nôl o'r eglwys, ac mae yna oglau difrifol yn y stafell 'ma."

Safodd y tri i arogli'r awyr, ac yna gwridodd Del nes bod ei hwyneb yn fflamgoch. Camodd Wyn at y goeden Nadolig.

"Fan yma yn rhywle mae'r drewdod. Hwyrach fod bocs o siocled wedi dechra mynd yn ddrwg!"

Aeth pawb ond Del i sefyll wrth y goeden.

"Rhaid i ni agor y parseli yma bob yn un!" penderfynodd Bethan Prys.

Synnodd Llinos a Wyn ei chlywed yn meiddio dweud peth felly. Yna sylwodd y ddau fod golwg euog ofnadwy ar Del. Meddyliodd Llinos yn sydyn a sibrydodd yn ei chlust.

"Oes gen ti isio mynd ag un parsel bach o fa'ma, Del?"

Crynai gwefusau ei chwaer fach.

"Hwyrach fod yn well i mi ei gadw fo yn y sied tan bore fory, er nad ydi hynny'n deg iawn efo Fflwffen; mi ddylai ei hanrheg hitha fod o dan y goeden 'run fath â rhai pawb arall."

Llwyddodd y genethod i gario'r parsel hirgul allan

o'r stafell tra oedd eu mam yn mynd i edrych ar y teisennau yn y popty yn y gegin gefn.

"Be sy gen ti'n anrheg i Fflwffen?" gofynnodd Llinos.

"Dwyt ti ddim fod i ofyn!"

"Paid â deud os mai felly rwyt ti'n teimlo."

Yna daliodd y parsel lliwgar o dan ei thrwyn.

"Dwi'n gwybod be ydi o p'run bynnag. Faswn i byth yn hoffi cael pysgodyn yn anrheg ar fore Nadolig!"

Eisteddodd y Llewod i wylio'r ffilm ar y teledu ar ôl swper, ond roedd un glust gan bawb yn gwrando am gloch y drws yn canu ar ôl i fysedd y cloc gyrraedd deg o'r gloch. Yna, pan oedd hi'n un ar ddeg, clywsant gorn car yn seinio o flaen y tŷ. Neidiodd y pump ar eu traed ac aeth Smwt i grafu'r drws er mwyn cael mynd allan i weld pwy oedd yno.

Roedd y Llewod wedi gwisgo cotiau trymion a phentyrrodd y pump i mewn i'r car; gadawyd Smwt yn y gegin yn crio eisiau cael mynd hefyd. Safodd Fflwffen ar ben y wal gan gymryd arni edrych yn ddidaro. Yna trodd am y degfed tro i gerdded o gwmpas y sied gan fod yno arogl mor hyfryd.

"Diolch i chi am yr anrheg, Guto Hopcyn!" meddai Wyn.

"Cymer dy wynt, fachgen! Dwyt ti ddim wedi cael y cyfan nes byddi wedi dod yn ôl yma yn y bore bach."

Erbyn iddynt gyrraedd Eglwys Llanddyfrig, gwelsant fod yna resi o gerbydau yn sefyll yn gadwyn flêr ar hyd ymyl y ffordd. Roedd sain carol i'w chlywed yn yr awyr denau, a rhedodd Llinos at y giât.

"Pwyll 'ngeneth i! Dydi'r gwasanaeth ddim yn dechra am hanner awr arall, ddim tan hanner nos union. Ond mae yna ganu carolau tan hynny."

Pan wthiodd Einion y drws yn agored, gwichiodd y colyn pren oedd yn ei ddal yn y ffrâm. Roedd yr eglwys bron yn llawn, ac fel arfer roedd y seddau cefn i gyd wedi llenwi gyntaf.

"Dwi'n mynd i eistedd ar y fainc flaen er mwyn gallu clywed yn iawn," meddai Guto Hopcyn.

"A finna hefyd," cytunodd Orig, "er mwyn cael bod mor agos at y tair canhwyllbren ac sy bosib."

Nid oedd organ yn yr eglwys o gwbl, ond roedd yna godwr canu yn sefyll o flaen y gynulleidfa, ac roedd yn taro fforch draw ar ymyl y fainc a'i dal wrth ei glust am ennyd er mwyn cael y nodyn cywir. Yna, canai dri neu bedwar nodyn ar ei ben ei hun cyn estyn ei freichiau i fyny i arwain canu'r garol nesaf.

Nid oedd y Llewod erioed wedi gweld hyn yn digwydd o'r blaen, ond dywedodd Guto Hopcyn wrthynt mai dyna oedd yn digwydd bob amser erstalwm, pan oedd organau'n rhy ddrud i'r capeli a'r eglwysi eu prynu.

Unwaith roedd y codwr canu wedi llwyddo i gael nodyn cyntaf y garol, trodd y Llewod i edrych ar y canwyllbrennau. Safai'r tair yn urddasol ar liain gwyn yr allor, ac roedd y meini drud yn disgleirio'n y golau. Roedd cannwyll wen, hir yn barod ym mhob canhwyllbren ar gyfer eu cynnau pan ddechreuai'r gwasanaeth pwysig am hanner nos.

Llanwai'r canu yr hen adeilad, ac yna, heb rybudd o gwbl diffoddodd y golau trydan yn sydyn, fel pe bai mellten wedi taro. Roedd tu mewn yr hen eglwys yn dywyll fel y fagddu, a daeth y canu i ben hefyd mewn ychydig eiliadau.

"Tân! Tân!" gwaeddodd rhywun.

Neidiodd y gynulleidfa ar ei thraed a baglodd pawb i gyfeiriad y drws, nes trodd llawer o'r meinciau ar eu hochr ar y llawr pridd.

Daeth arogl mwg i ffroenau'r pump wrth iddynt helpu Guto Hopcyn, a gwthio'u ffordd am y drws. Roedd rhai yn tanio matsys, ac eraill yn ceisio dod o hyd i'w ffordd gyda fflachlampau. Casglodd y bobl yn dyrrau tu allan, a phawb yn holi ei gilydd beth ar wyneb y ddaear oedd wedi digwydd. Yna, daeth dyn o rywle a sefyll yn eu canol.

"Peidiwch â chyffroi, a da chi peidiwch â mynd oddi yma! Mi fydd popeth yn iawn cyn pen pum munud. Tipyn o goed a phapur sydd wedi cynnau yn y talcen, ac mae'r ffiws trydan wedi ei dynnu o'i le. Does dim isio i neb ddychryn. Mae 'na ryw ffŵl gwirion yn meddwl ei fod o'n cael tipyn o hwyl am ein pennau ni..."

Cyn iddo orffen roedd llond yr eglwys o olau unwaith eto, a llais yn galw ar i bawb fynd yn ôl i mewn, er mwyn dechrau'r gwasanaeth. Aeth y ffermwyr a'u gwragedd a'r ymwelywr trwy'r drws gan siarad a dweud y drefn am y rhai oedd yn gyfrifol am chwarae tric felly arnynt.

"Taswn i'n cael gafael yng ngwar yr hurtyn dwl, mi faswn i'n ei ysgwyd o nes byddai ei esgyrn i gyd yn clecian!" meddai Guto Hopcyn wrth eistedd yng nghanol y Llewod ar y fainc flaen unwaith eto.

Neidiodd Orig ar ei draed yn sydyn a phwyntiodd at yr allor.

"Ble mae'r canwyllbrennau? Mae'r lladron wedi dwyn canwyllbrennau Llywelyn!"

Pennod 13: Darganfyddiad

CODODD PAWB ar eu traed am yr ail waith y noson honno ar ôl gweld bod Orig yn dweud y gwir, ac roedd y gair 'lladron' ar wefusau'r bobl.

Rhedodd y dynion am y drws gan adael y gwragedd i siarad ymysg ei gilydd, a phob un ohonynt yn gresynu, a rhai yn dweud nad oeddynt yn cofio peth fel hyn erioed yn digwydd o'r blaen. Gadawodd y Llewod Guto Hopcyn yng ngofal gyrrwr y car, ac aethant allan er mwyn gweld beth fyddai'n digwydd nesaf.

"Dyma'r trydydd lladrad ar ddeg," meddai Einion. "Mae'r tair canhwyllbren wedi diflannu efo'i gilydd y tro yma."

"Mae hwn yn wahanol i'r deuddeg arall sydd wedi digwydd ar hyd y canrifoedd," ychwanegodd Llinos. "Mae 'na ddau griw o ladron wedi meddwl am ladrata canwyllbrennau Llywelyn o fewn chydig ddyddiau i'w gilydd. A gan fod un criw dan glo mewn carchar mae hi wedi bod yn haws o lawer i'r ail griw, gan nad oedd y plismyn na neb wedi dychmygu y byddai lladron eraill yn taro mor sydyn."

Roedd y dynion yn y fynwent yn dadlau ymysg ei gilydd ac yn ceisio penderfynu beth i'w wneud.

"Ffonio Preis yn y pentre fyddai orau," awgrymodd

un. "Hwyrach y medar o stopio bob car cyn iddyn nhw ddianc o'r ardal. Dewch draw i'r tŷ acw efo mi. Fyddwn ni ddim pum munud, ac mi gaiff y lleill chwilio'r fynwent rhag ofn fod y dihirod yn dal i lechu yma o hyd."

Penderfynodd y Llewod ddilyn y dynion i fferm Y Waun oedd ar bwys yr eglwys. Roedd pawb mor ffwdanus fel na sylwodd neb fod y pump wedi mynd gyda nhw. Erbyn iddynt gyrraedd, gwelsant fod hen wreigan yn pwyso ar ei ffon ar riniog y drws, fel pe bai'n eu disgwyl.

"Be sy wedi digwydd, deudwch?" gofynnodd i'r rhai cyntaf a gyrhaeddodd ati. "Mae'r cŵn 'ma wedi bod yn cyfarth fel petha lloerig rhyw bum munud cyn i chi dod. Dwi'n siŵr fod rhywun yn prowla o gwmpas y beudai. Wn i ddim be sy'n dod o'r byd 'ma; does dim posib cael tipyn o heddwch ar noswyl Nadolig y dyddia yma!"

"Mi a' i i chwilio beudy'r lloi a gollwng y cŵn o'r sgubor," meddai'r dyn canol oed oedd yn byw yno gyda'r hen wraig, ei fam.

Aeth hithau i'r tŷ a ffonio'r heddlu.

"Be wnawn ni?" gofynnodd Wyn yn wyllt. "Mi fydd y lladron wedi cael digon o amser i ddianc cyn y daw neb o'r dre i fyny yma!"

Meddyliodd Einion yn gyflym.

"Y lladron sydd wedi deffro'r cŵn, felly maen nhw wedi mynd i lawr y ffordd yma i gyfeiriad Llyn Gwynfryn. Rhaid i ninna fynd ar eu holau!"

Gadawodd y Llewod fuarth y tyddyn heb i neb sylwi arnynt yn mynd, a dechreuodd y pump redeg ar hyd y ffordd garegog. Safent yn awr ac yn y man i wrando, gan brin anadlu rhag ofn iddyn nhw glywed smic o sŵn yn rhywle. Ond roedd y mynydd maith yn hollol dawel heb ddim ond bref dafad unig i'w chlywed ymhell ar y llechweddau.

"Car plismyn o'r dre!" gwaeddodd Llinos ac Orig gyda'i gilydd ar ôl gweld golau'r lampau yn dringo i fyny'r ffordd yn y pellter.

Safodd y pump i wylio'r car yn dynesu. Roedd golau'r lampau blaen yn ddisglair iawn weithiau, ac yna'n diflannu pan oedd y car o'r golwg yn y troadau.

"Hwyrach eu bod nhw wedi dal y lladron, a'u bod nhw'n dod i fyny i ddeud hynny wrth bobl yr eglwys cyn mynd â nhw i'r carchar," meddyliodd Del.

Cerddodd y Llewod ar ganol y ffordd rhag ofn i'r car fynd heibio heb eu gweld. Safodd o fewn ychydig lathenni cyn eu cyrraedd, a neidiodd Cochyn allan o'r sedd gefn gan chwifio ei ddwylo'n wyllt pan ddeallodd mai'r Llewod oedd yno.

"Be mae plant ifanc fel chi yn wneud mewn lle anial fel hyn? Yn eich gwlâu ddylech chi fod ers oriau, ddim yn crwydro'r mynydd unig yma!"

Camodd sarjant allan o'r car hefyd, ond roedd o'n fwy cyfeillgar o'r hanner. Dechreuodd eu holi.

"Welsoch chi rywun amheus ar eich ffordd i lawr o'r eglwys?"

"Neb o gwbl," atebodd Llinos.

Yna torrodd Cochyn i mewn i'r sgwrs unwaith eto.

"Dim ond helynt sydd i'w gael pan mae'r pump yma o gwmpas! Maen nhw'n rhoi mwy o drafferth i mi na holl blant y dyffryn yma efo'i gilydd!"

Roedd Wyn bron â'i ateb, ond gwyddai na fyddai hynny'n gwneud unrhyw les iddynt o gwbl.

Ar ôl pwyso a mesur y sefyllfa dywedodd y sarjant wrth Preis am gerdded gyda'r Llewod yn ôl at yr eglwys, ac y byddai yntau'n mynd yno o'u blaenau yn y car er mwyn ceisio cael rhyw wybodaeth fyddai'n eu helpu i drefnu'r cam nesaf i ddal y lladron.

Dechreuodd Cochyn frasgamu mor gyflym ag y gallai, gan ddwend pethau cas mor aml nes roedd o bron â cholli ei wynt. Nid oedd y Llewod yn fodlon ar y sefyllfa, a sibrydodd Wyn drwy ei ddannedd wrth Einion.

"Be am redeg heibio iddo fo, a mynd i lawr y ffordd. Mae Cochyn yn rhy dew i'n dal ni."

"Dim siarad!" rhuodd y plismon.

"Mae hwn yn ein trin ni fel petaen ni wedi dwyn y tair canhwyllbren," meddai Wyn gan sibrwd yn dawelach fyth.

"Dim siarad ddeudais i! Neu mi fydd raid i mi afael yng ngwar y ddau ohonoch chi."

"Barod?" gofynnodd Wyn.

"Iawn!" atebodd Einion.

Trodd y ddau yn sydyn a rhedeg un o boptu Cochyn cyn iddo sylweddoli beth oedd wedi digwydd.

"Hei! Arhoswch! Hei! Hei!"

Roedd yn rhy hwyr iddo geisio'u rhwystro, ond gwnaeth yn siŵr fod 'run o'r tri arall yn ceisio gwneud yr un peth.

"Does gen i ddim isio cyfarfod Cochyn tan y flwyddyn nesa ar ôl hyn!" meddai Wyn. "Gobeithio y bydd 'na well hwyl arno ar ôl iddo gael pwdin Dolig...Aros Einion!"

"Be glywaist ti?"

"Chlywais i ddim byd, ond mi allwn ni fynd ar fy

llw 'mod i wedi gweld golau'n symud lawr fan'cw. Dim ond am eiliad – wedyn roedd o'n diflannu."

Craffodd Einion drwy'r tywyllwch nes bod ei lygaid yn brifo, ond ni welodd 'run o'r ddau ddim byd wedyn.

"Ble'r wyt ti'n feddwl ydan ni yn fa'ma?" holodd Wyn.

"Dwi'n siŵr nad ydan ni'n bell iawn o Hafod y Bugail a'r llyn."

"Dyna roeddwn inna'n feddwl hefyd. Be am i ni fynd i lawr yn is rhag ofn. Hen dro fod gynnon ni ddim fflachlamp na dim."

Ymbalfalodd Wyn yng ngwaelod poced ei gôt.

"Dwi'n siŵr fod gen i ddwy neu dair o fatsys yn rhywle...Oes wir!"

"Cadw nhw heb eu cynnau nes bydd yn wirioneddol raid i ni gael golau."

Cyrhaeddodd y bechgyn y wal gerrig isel oedd ar bwys y bwthyn ymhen dim o amser. Safodd y ddau i wrando.

"Dim siw na miw!" meddai Wyn.

"Be am fynd yn nes at y tŷ?"

Ymbalfalodd y ddau eu ffordd ar hyd y wal nes daethant at y bwlch oedd yn arwain i'r llwybr a redai at y drws.

"Does 'na ddim llygedyn o olau yn nunlle," sibrydodd Einion. "Hwyrach mai dychmygu gweld y golau 'na wnest ti. Mae meddwl yn galed am weld rhywbeth yn gwneud i ti feddwl dy fod ti wedi'i weld o weithia."

Cydiodd Wyn yng nghlicied y drws a gwthiodd yn ysgafn.

"Mae o'n agor! Tydi'r drws ddim wedi'i gloi! Mae'n rhaid fod rhywun wedi bod yma ar ôl neithiwr."

"Felly rwyt titha'n cofio Ben Powel yn ei gloi o cyn mynd i mewn i'w gar?"

"Ydw, yn berffaith siŵr! Rydan ni ar drywydd rhywbeth Einion. Dwi'n teimlo'r peth yn fy esgyrn i."

"Dychmygu petha wyt ti rŵan. Ond mae'r drws yma yn ein harwain i ryw gyfeiriad pendant, gan ein bod ni'n dau yn cofio mor dda."

Trodd Einion yn sydyn i wynebu'r llyn. "Glywaist ti?"

"Dafad!"

"Na, roedd o'n debyg i sŵn rhywun yn pesychu."

"Mae defaid yn pesychu hefyd. Gwranda, dyna fo eto!"

"Yn ymyl y dŵr. Ty'd i lawr! Ond mae'n rhaid i ni fod yn wyliadwrus iawn."

Daeth y sŵn yn gliriach i'w clustiau wrth iddynt symud droedfedd ar y tro i lawr y llethr at y llyn. Gwyddent eu bod yn nesu gan eu bod yn clywed tonnau bychain yn llepian ar y gro.

"Nid pesychu ydi'r sŵn," meddai Einion. "Mae rhywun yn griddfan!"

"Mae'n sŵn poenus ofnadwy beth bynnag. Ty'd yn is i lawr eto."

Symudai Wyn yn ofalus gan ymestyn ei law o'i flaen. Yna, trawodd ei fysedd yn erbyn darn o bren. Neidiodd yn ei ôl mewn dychryn.

"Be sy'n bod arnat ti?"

Roedd y griddfan yn gwneud iddynt deimlo'n annifyr ofnadwy erbyn hyn.

"Helpwch fi! Help!"

"Does gynnon ni ddim byd i'w ofni," meddai Wyn. "Wnaiff y truan yna ddim ymosod arnon ni beth bynnag. Mae o mewn gormod o boen i wneud hynny."

"Cynnau un o'r matsys yna i ni gael gweld."

Crafodd Wyn ei law ar hyd y ddaear nes daeth o hyd i garreg lefn. Yna tynnodd y fatsien ar ei hyd. Welson nhw ddim byd yng ngolau'r fflach gyntaf ar ôl iddi danio, ond cysgododd Wyn y fflam, ac yna gwelsant gwch rhwyfo a dyn yn gorwedd ar ei hyd ar draws y seddau.

Camodd Einion i mewn i'r cwch a gosododd ei fraich o dan ysgwydd y dyn sâl. Daliai i riddfan yn dorcalonnus ond ni allent weld ei wyneb.

"Matsien arall!" galwodd.

Roedd y garreg yn llaw Wyn o hyd, a phwysodd ymlaen drwy'r hesg a dyfai ar y lan cyn tanio.

"Ben Powel!" meddai, er bod ei wyneb wedi ei newid gan boen er pan welsant ef y diwrnod cynt.

Pennod 14: Canu'r Gloch

"Fedrwn ni ddim gadael Ben Powel yn y cwch ar ei ben ei hun yn fa'ma," meddai Einion.

"Be am ei godi o i'r lan i ddechra arni?"

Gafaelodd Einion am ei ganol, a chododd Wyn ei goesau. Daliai i riddfan, ond roedd fel pe bai'n deall fod y bechgyn yn ceisio'i helpu ac agorodd ei lygaid am ennyd. Roedd y ddau ohonynt yn chwys domen cyn iddyn nhw lwyddo i'w osod i orwedd ar lan y llyn.

"Wyt ti'n meddwl y gallwn ni fynd ag o i'r bwthyn?" gofynnodd Wyn.

"Rhaid i ni roi cynnig arni. Mae glan y llyn yma yn lle rhy oer o'r hanner i ddyn sâl yn niwedd Rhagfyr. Ei godi o ar ei draed ac wedyn gosod un ysgwydd o dan bob cesail iddo fyddai orau."

"A thrio'i gael o i ddefnyddio chydig ar ei draed i'n helpu ni wedyn wyt ti'n feddwl? Fydd hynny ddim yn hawdd iawn, achos roedd o'n gloff pan welson ni o gynta yn y fynwent. Mae'n wanach o lawer erbyn hyn ar ôl diodde'r fath boen."

Gwthiodd Einion ei ysgwydd o dan gesail braich Ben Powel ond dechreuodd weiddi mewn poen, ac ni allai'r bechgyn ddioddef ei glywed.

"Fedrwn ni ddim!" meddai Wyn. "Rhaid i ni fynd

i'r bwthyn i nôl blancedi i'w gosod drosto hyd nes daw rhywun yma i'n helpu ni."

Arhosodd Einion gyda Ben Powel i geisio'i gysuro, tra aeth Wyn i Hafod y Bugail. Tynnodd y dillad oddi ar y ddau wely a chariodd nhw'n un bwndel mawr at y llyn. Taenwyd un cwrlid trwm ar lawr a dodwyd y claf i orwedd arno. Yna, taenwyd y gweddill drosto nes ei fod yn gyfforddus ac yn gynnes.

"P'run ohonon ni sy'n mynd yn ôl at yr eglwys i alw am help?" gofynnodd Wyn.

"Mae hynny'n haws nag aros yma yn gwrando arno fo'n dioddef cymaint. Dwi'n fodlon aros os wyt ti isio."

Roedd Wyn yn ddigon balch.

"Mi a' i mor gyflym ag y galla i, ac fe geith gŵr Y Waun ffonio am ambiwlans. Cochyn ydi'r unig un dwi ofn ei gyfarfod!"

"Paid â phoeni amdano fo. Dim ond i ti gofio o hyd bod Ben Powel yn gorwedd mor wael yn fa'ma mi wnei di anghofio am bob dim arall."

Cerddodd Wyn mor gyflym ag y gallai, ond roedd yn amhosibl iddo redeg gan ei bod mor dywyll. Pan gyrhaeddodd Y Waun, roedd twr o ddynion yn ateb rhes o gwestiynau i'r sarjant, a Cochyn yn cerdded o gwmpas gyda'i ddwylo tu ôl i'w gefn. Pan welodd Wyn yn nesu aeth amdano ar unwaith.

"Felly rwyt ti wedi cyrraedd o'r diwedd, y gwalch bach drwg!"

"Rhaid i mi gael gweld y sarjant ar unwaith," meddai Wyn. "Mae'n bwysig iawn. Mae Einion a minna wedi dod o hyd i Ben Powel yn wael iawn ar lan y llyn."

Trodd y sarjant pan glywodd beth ddywedodd Wyn, ac aeth ato i'w holi.

"Rhaid i chi alw ambiwlans a doctor ar unwaith," pwysleisiodd. "Welais i neb erioed o'r blaen mor sâl. Mae o'n griddfan ac yn cwyno drwy'r amser."

Sythodd y sarjant wrth weld Wyn wedi cyffroi mor enbyd.

"Preis, aros di i gymryd gofal o bopeth yn y fan yma, a bydd yn barod i dderbyn neges ar y radio."

Aeth y sarjant â Wyn i mewn i gar yr heddlu, ac i ffwrdd â nhw yn gyflym i gyfeiriad Hafod y Bugail. Roedd Wyn wedi anghofio popeth am y canwyllbrennau hyd nes eisteddodd yn sedd y car. Roedd Ben Powel wedi mynd â'i holl fryd. Trodd at y sarjant a gofynnodd iddo:

"Ydach chi wedi llwyddo i gael rhyw wybodaeth am y lladron?"

"Dim byd eto. Mae'n amlwg eu bod nhw wedi llwyddo i ddianc o'r mynydd yma'n bur sydyn. Roedd y lladrad wedi ei drefnu'n glyfar iawn. Ond mae pob car sy'n teithio i fyny ac i lawr y dyffryn yn cael ei archwilio. Felly mae'n rhy fuan i ddechra digalonni eto."

Pan welodd y sarjant fe roedd y bechgyn wedi gofalu am Ben Powel, roedd yn eu canmol. Siaradodd gyda Preis ar y radio oedd ganddo yn ei boced, a galwodd am ragor o help o swyddfa heddlu'r dref. Yna, tra'n disgwyl aeth ati i archwilio'r claf tra oedd Wyn yn dal golau y lamp gref iddo.

Sobrodd wyneb y sarjant pan welodd y chwydd mawr du dan gesail Ben Powel. Daliodd Einion ei law ar draws ei lygaid rhag gorfod edrych arno, a throdd Wyn ei ben i'r ochr. Llaciodd y sarjant ei dei, ac agorodd fotwm coler ei grys.

"Difrifol!" meddai. "Welais i erioed ddim byd tebyg i hyn o'r blaen."

Roedd Wyn ar fin agor ei geg i ddweud rhywbeth, ond torrodd Einion ar ei draws.

"Gawn ni'n dau fynd yn ôl at yr eglwys? Mae Llinos, Orig a Del yn siŵr o fod yn methu deall be sy wedi digwydd i ni."

Diolchodd y sarjant iddynt am eu help a cherddodd y ddau yn gyflym i gyfeiriad y ffordd.

"Be sy gen ti yn y bag 'na, Einion?" gofynnodd wrth ei deimlo'n taro'n erbyn ei glun sawl tro.

"Mi feddyliais i am fynd yn ôl i'r cwch rhwyfo tra oeddat ti'n cerdded i'r Waun i alw am help. Ac mi ddois i o hyd i'r bag plastig 'ma o dan y sedd ym mhen blaen y cwch. Dyna pam oeddwn i ar gymaint o frys isio mynd yn ôl i Eglwys Llanddyfrig."

"Be wnawn ni yn yr eglwys? Mae pawb wedi anghofio am y gwasanaeth ar ôl helynt y lladrad 'ma."

"Dyna pam mae'n rhaid i ni frysio."

"Dydw i ddim yn deall."

"Mae'r tair canhwyllbren yn y bag plastig yma. Ben Powel ydi'r lleidr."

"A'r chwydd dan ei geseiliau ydi'r Pla Du!...Mi fu bron iawn i mi ddeud hynny wrth y sarjant."

"Do, mi wn i. Dyna pam oeddwn i isio i ti beidio agor dy geg. Ti'n gwybod be fyddai'n digwydd – fydden ni ddim yn cael cyffwrdd y canwyllbrennau ac mi fyddai'r sarjant yn mynd â nha'n syth i swyddfa'r heddlu, a chlymu label ar y bag, ac yna yn eu cadw'n ddiogel mewn drôr nes byddai'r achos yn dod gerbron y llys. Mi fyddai'n rhy hwyr wedyn!"

"Siŵr iawn. Yn rhy hwyr i'r gwasanaeth bore Nadolig yn Eglwys Llanddyfrig. Mae canwyllbrennau Llywelyn wedi bod ar yr allor ym mhob gwasanaeth Nadolig yn ddi-dor er pan roddodd y tywysog nhw yn rhodd i'r eglwys."

"Dwi'n deall rŵan pam oeddet ti ar gymaint o frys, Einion. Mi fues inna'n meddwl chydig hefyd tra oeddwn i'n cerdded i'r Waun i alw am help."

"Wel?"

"Pan welson ni Ben Powel yn y fynwent ddoe roedd o'n gloff, ac rydw i'n siŵr mai ti sathrodd yn galed ar ei droed o pan oedden ni'n rhedeg o Lwyn Eos y noson honno. Roeddat ti'n deud ar y pryd ei fod o wedi gweiddi mewn poen, cyn iddo ollwng ei afael ar dy gôt di wedyn."

Gwelsant olau yn nrws ffenestri'r Waun.

"Rhed i fyny at y tŷ a dos i ddeud bod y canwyllbrennau yn ôl ar yr allor. A deud wrth bawb yno am ddod i'r eglwys i'r gwasanaeth. O ia, a chofia ddeud wrth Llinos, Del ac Orig am frysio."

"Wyt ti'n meddwl gwneith y bobl 'ma fy nghoelio i?"

"Dal i ddeud yr un peth o hyd ac mae pawb yn siŵr o goelio yn y diwedd. Mae'n rhaid cynnal y gwasanaeth cyn toriad gwawr!"

Roedd tyrrau o ddynion a merched o hyd yn sgwrsio wrth giât y fynwent, a rhai wrth borth yr eglwys. Brysiodd Einion heibio iddynt, ac aeth ar ei union at yr allor. Tynnodd y tair canhwyllbren allan o'r bag plastig, edrychodd â'i lygaid yn llawn balchder ar bob un ac yna gosododd y tair i sefyll yn un rhes ar liain gwyn yr allor. Yna, safodd am ychydig eiliadau i edrych arnynt.

Clywodd sŵn traed tu ôl iddo, a llaw yn pwyso ar ei ysgwydd.

"Wyddwn ni ddim fod y plismyn wedi dal y lladron, Einion," meddai'r Person. "Ardderchog! Dwi'n teimlo y dylen ni ddechra'r gwasanaeth ar unwaith."

"Roeddwn i'n gobeithio y basech chi'n gwneud hynny," meddai Einion. "Ond mi fydd yn rhaid canu'r gloch i alw pawb yn ôl. Dydi hi ddim yn rhy hwyr eto!"

Rhedodd Wyn, Llinos, Orig a Del at y drws a phan welsant y tair canhwyllbren ar yr allor roeddent yn wen o glust i glust a phob llygad yn disgleirio.

"Ga i ganu'r gloch?" gofynnodd Wyn i'r Parch.Wyn Ffransis. "Dwi wedi bod yn dyheu am wneud ers blynyddoedd."

Edrychodd y Person o'i gwmpas.

"Does dim golwg o'r clochydd yn nunlle. A ph'run bynnag, does gen i ddim gwrthwynebiad i un o'r Llewod ganu cloch Eglwys Llanddyfrig am y tro! Oni bai amdanoch chi, fyddai'r canwyllbrennau ddim yma rŵan!"

Safodd Cochyn yn nrws yr eglwys a golwg reit ddryslyd ar ei wyneb. Pan welodd y Llewod yn un twr wrth yr allor, cerddodd yn awdurdodol tuag atynt. Gosododd ei ddwy law ar ysgwyddau Einion a Llinos.

Sylweddolodd y Person beth oedd ei fwriad.

"Hanner munud, cwnstabl! Fi sy'n gofalu am yr eglwys yma, ac am bawb sydd ynddi hi hefyd, unwaith maen nhw'n croesi'r rhiniog."

Edrychodd Cochyn yn syn arno am feiddio ei rwystro rhag gwneud ei waith.

"Roedd hi'n arferiad ganrifoedd yn ôl fod eglwys bob amser yn lloches i unrhyw un oedd mewn perygl. Pan ruthrai gelynion i bentre, doedd 'run milwr yn meiddio cyffwrdd neb oedd wedi mynd i'r eglwys am loches," eglurodd y Person.

Lledodd Cochyn ei ysgwyddau a gwthiodd ei frest allan.

"Does 'na ddim geiriau fel yna yn llawlyfr yr heddlu Mr.Person!" meddai'n sarhaus.

"Hwyrach wir, ond does gen i ddim diddordeb mewn mân lawlyfrau felly chwaith. Mae'r eglwys yma, a phopeth sydd ynglŷn â hi, yn bod cyn bod sôn am na phlismon na heddlu!"

Roedd y bobl yn ateb galwad y gloch ac yn cerdded yn ôl i mewn drwy'r drws, a phawb yn holi ac yn sgwrsio'n llawen iawn am y canwyllbrennau. Cerddodd Cochyn yn anfoddog yn groes i'r llif, ond cyn iddo fynd allan drwy'r drws galwodd y Parch.Wyn Ffransis arno.

"Croeso i chitha aros hefyd, cwnstabl. Mae'r gwasanaeth yma'n siŵr o fod yn un o'r rhai pwysicaf ers canrifoedd yn Llanddyfrig."

Cyn dechrau'r gwasanaeth, canwyd carol, a throdd y pump i edrych ar ei gilydd pan glywsant y geiriau cyntaf:

"Wele gwawriodd dydd i'w gofio..."

Roedd Guto Hopcyn yn eistedd o'u blaenau, trodd i edrych, a rhoddodd glamp o winc ar y Llewod.